MYTH-O-LOGIE

© Nolwenn Gouezel et Les Publications Modus Vivendi inc., 2011

Publié par les Éditions BRAVO! une division de
LES PUBLICATIONS MODUS VIVENDI INC.
55, rue Jean-Talon Ouest, 2e étage
Montréal (Québec) H2R 2W8
CANADA

www.groupemodus.com

Éditeur : Marc Alain
Éditrice adjointe : Isabelle Jodoin
Designer graphique : Émilie Houle
Réviseur : Guy Perreault

Dépôt légal – Bibliothèque et Archives nationales du Québec, 2011
Dépôt légal – Bibliothèque et Archives Canada, 2011

ISBN 978-2-89670-025-7

Imprimé au Canada

MYTH-O-LOGIE

Sous les **crocs** des **Vampires**

Tests, quiz et jeux à se mettre
sous la dent.

Nolwenn Gouezel

éditions Bravo!

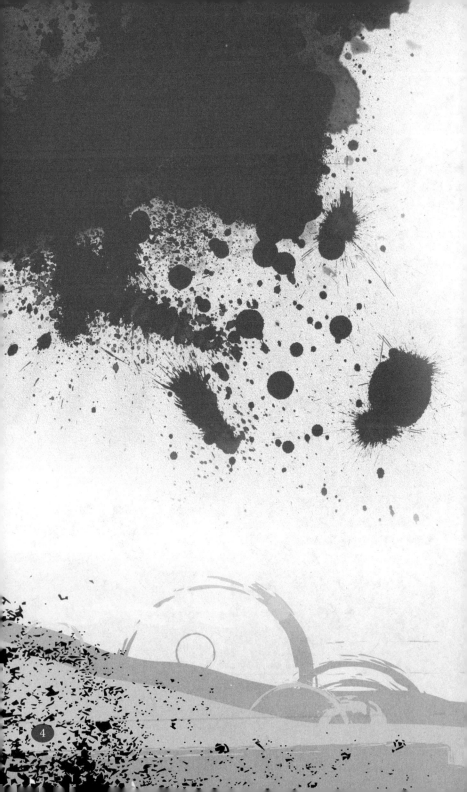

Avertissements de l'auteure

Véritables « saigneurs » des ténèbres, les vampires règnent en maîtres, depuis la nuit des temps, dans le royaume de l'imaginaire populaire.

On dit que les histoires de vampires ne sont que légendes. Pourtant, si je regarde autour de moi, je suis convaincue, non seulement de leur existence, mais aussi de leur immortalité… Il faut savoir que ces vampires-là (ceux qui nous réveillent d'un sursaut en pleine nuit) se nourrissent bien plus de nos peurs, et de nos angoisses, que de notre sang….

Ils sont partout. Ces revenants, revenus d'entre les morts, resurgissent régulièrement dans les romans et les bandes dessinées… ils donnent des nouvelles… littéraires, se transforment en avatars sanguinolents et leurs victimes se « consolent »… vidéo. Leurs canines pointues crèvent les écrans et les chasseurs de vampires font leur cinéma.

Désormais, sachez-le, nul ne sera présumé vivant dans le monde des vivants, ni mort au royaume des morts.

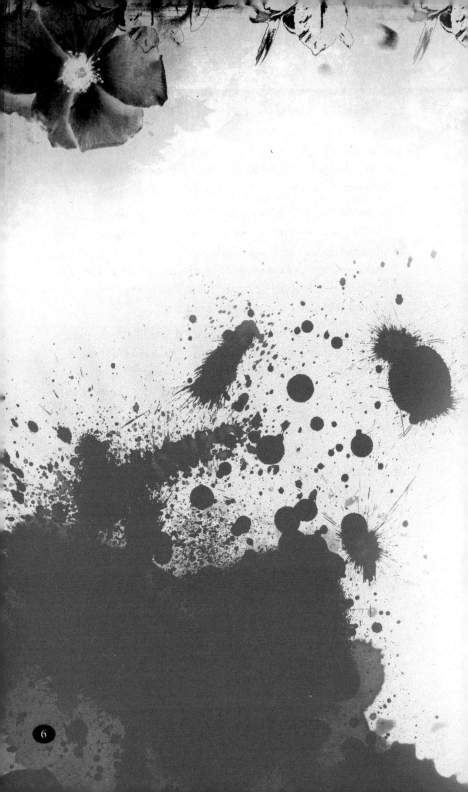

Table des matières

introduction

Avant de faire la lumière sur ces étranges créatures de la nuit, et de vous dévoiler leurs secrets, rappelons ce qu'est un vampire. C'est un défunt, mort et enterré, dont le cadavre ne se décompose pas. La nuit tombée, il sort de son cercueil pour étancher sa soif de vie et de sang… en vain et en veines !

Pour le vampire, notre sang est une véritable fontaine de jouvence, garante de son immortalité et de son éternelle jeunesse. Contrairement à l'abeille qui ne peut piquer qu'une seule fois, car elle meurt après avoir planté son dard dans sa proie, le vampire, lui, reprend vie, gorgée par gorgée, à chaque fois qu'il plante ses crocs dans le cou de ses victimes !

Cette « survie » éternelle, à en croire certains témoignages de vampires assoiffés de vie, serait un « enfer sous terre », alors que d'autres, affamés de pouvoirs, s'en délectent.

Cet être (« être ou ne pas être ? » là est d'ailleurs la question) était, depuis la nuit des temps, voué aux ténèbres et à la solitude, privé de tout sentiment, pris au piège de son tombeau le jour et errant comme une âme en peine la nuit… pour autant qu'il en ait eu encore une !

Que vous soyez un mordu des vampires, un amateur de légendes et d'histoires à dormir debout, un inconditionnel de films d'horreur ou un adepte de fantastique, vous trouverez dans ce livre-quiz une multitude d'informations pertinentes, de faits historiques et d'anecdotes « sang pour sang » macabres à vous mettre sous la dent.

Avez-vous la veine vampirique ?
En répondant aux questions suivantes, vous pourrez évaluer votre degré de vampirilité.

1. Vous êtes plutôt du genre à… ?
a. Mordre la vie à pleines dents
b. Vivre au jour le jour
c. Vous retourner sur votre passé

2. Si vous étiez une fleur, vous seriez plutôt… ?
a. Un narcisse
b. Une immortelle
c. Une rose noire

3. La dernière fois que vous êtes entré(e) dans une église, c'était… ?
a. Pour votre baptême
b. Pour un mariage
c. Pour vous confesser

BLAGUE À PART

Que dit un vampire après avoir bu le sang de sa victime ?

Merci beau cou.

4. Préférez-vous que l'on vous donne… ?
a. Moins que votre âge
b. Votre âge exact
c. Plus que votre âge

5. Si je vous dis « Aïe », que répondez-vous spontanément ?
a. Ça fait fuir les vampires
b. Tu t'es fait mal ?
c. Ail et fines herbes

6. En quel animal préféreriez-vous vous réincarner ?
a. En loup
b. En corbeau
c. En souris sans poils… à ne pas confondre avec une chauve-souris

7. Quel est votre style vestimentaire ?

a. Sexy

b. Décontracté

c. Gothique

8. Quel serait votre cocktail préféré ?

a. Cocktail vampire (30 ml de vodka, 15 ml de liqueur de framboise, 1 trait de jus de canneberge)

b. Bloody Mary (40 ml de vodka, 120 ml de jus de tomate, 50 ml de jus de citron, 2 ou 3 gouttes de Tabasco, du sel de céleri et du poivre)

c. Black Velvet (60 ml de bière brune hautement torréfiée - style Guinness - avec 60 ml de champagne)

9. Les vacances idéales, pour vous, c'est ?

a. Sieste sur la plage ensoleillée

b. Escapade découverte en Transylvanie

c. Ballade en traîneaux à chiens sur la banquise

10. Si vous vous coupez en cuisinant, que faites-vous ?

a. Vous léchez le bout du doigt ensanglanté en attendant les pompiers

b. Vous filmez en gros plan pour faire un court-métrage

c. Vous êtes au bord de l'évanouissement

COCKTAIL « BLOODY MARY »

On l'appelle aussi « Marie-salope » ou « menstruation de Mary » en argot français. On peut remplacer la vodka par de la téquila (Bloody Matador), par du rhum (Bloody Pirate), ou encore par de la Guinness (Bloody Maureen)… À la vôtre !

11. Vous êtes plutôt… ?

a. Un lève-tôt
b. Un couche-tard
c. Un véritable oiseau de nuit

12. Par amour, que seriez-vous prêt(e) à faire ?

a. Dormir dans un cercueil
b. Vous faire poser des implants dentaires
c. Boire le sang de votre bien-aimé(e)

13. Comment vous sentez-vous les soirs de pleine lune ?

a. Comme d'habitude
b. Vous ne tenez pas en place
c. Vous êtes agressif

14. Dans vos relations amoureuses, vous êtes plutôt… ?

a. Romantique
b. Érotique
c. Mortellement platonique

15. Pour vous, Marilyn Manson est… ?

a. Une femme
b. Un homme
c. Un androgyne

LE SAVIEZ-VOUS ?

Le nom de scène de Marilyn Manson est une contraction des noms de l'actrice Marilyn Monroe et du tueur en série Charles Manson.

13

16. Et les *Men in Black*... ?

a. Un groupe de rock

b. Des extraterrestres

c. Des gothiques

17. Vous êtes invité(e) à un bal masqué, en quoi décidez-vous de vous déguiser ?

a. En vampire avec une cape noire

b. En gentilhomme (ou gentille dame) en costume d'époque

c. En Lady Gaga avec sa robe de viande

18. Que pensez-vous de l'avenir ?

a. Vous avez peur de vieillir

b. Vous avez hâte d'avoir plus d'expérience

c. C'est la vie

19. Quel est votre film de vampire préféré ?

a. *Le petit vampire* (*The Little Vampire*) d'Uli Edel (2000)...
même le jeune public n'est pas effrayé

b. *Dracula* (*Bram Stoker's Dracula*) de Francis Ford Coppola
(1992)... l'original, le vrai, mais dans une version moderne

c. *Vampires* du réalisateur belge Vincent Lannoo (2010)...
mieux vaut en rire

20. Que pensez-vous des vampires ?

a. Ce sont des êtres monstrueux qui vous font faire
des cauchemars

b. Cela doit être génial d'avoir autant de pouvoirs

c. Les vampires n'existent pas

Résultats

Question	Réponse a.	Réponse b.	Réponse c.	Vos points
1	2 points	4 points	0 point	0
2	2 points	2 points	3 points	3
3	3 points	2 points	0 point	2
4	3 points	1 point	1 point	0
5	4 points	0 point	2 points	2
6	2 points	2 points	0 point	0
7	3 points	1 point	4 points	3
8	4 points	3 points	1 point	6
9	0 point	4 points	3 points	0
10	6 points	2 points	0 point	3
11	0 point	2 points	4 points	0
12	3 points	3 points	4 points	4
13	0 point	2 points	3 points	0
14	2 points	4 points	0 point	0
15	0 point	2 points	0 point	2
16	0 point	2 points	0 point	3
17	3 points	4 points	2 points	3
18	2 points	3 points	2 points	0
19	1 point	3 points	4 points	
20	0 point	3 points	0 point	

Total de vos points 33

Moins de 20 points : Vampirilité faible

Selon vous, les vampires n'existent pas. Pourtant, même si vous êtes pressé, vous êtes plutôt du genre à faire un grand détour plutôt que de traverser un cimetière en pleine nuit…

Entre 21 et 50 points : Vampirilité moyenne

Que vous soyez « twilighter », « true blooder » ou encore gothique, les vampires exercent sur vous leur pouvoir de séduction. Ils vous fascinent et vous attirent plus qu'ils ne vous effraient. Leurs pouvoirs feraient pâlir Superman (même Hulk en serait vert de jalousie). Mais sincèrement, vous laisseriez-vous tenter par l'immortalité ?

Plus de 51 points : Vampirilité élevée

Vous savez tout, ou presque tout, sur les vampires. Vous allez pouvoir parfaire vos connaissances.

Nom :
Pseudonyme :   Vampire
Statut :   Dracula
Date de naissance :   Ni mort, ni vivant
Lieu de naissance :   1897
Père :   Angleterre
Profession du père :   Bram Stoker
Signes particuliers :   Écrivain
   Immortel
   Teint blafard
   Force surhumaine
   Sens surdéveloppés
Régime alimentaire :   Sanguinivore
Attributs récents :   Canines proéminentes
Origines lointaines :   Europe centrale

VAMPIRE.
VOUS AVEZ DIT VAMPIRE ?

C'est dans un rapport officiel que le terme « vampire » (ainsi orthographié) est apparu pour la première fois dans la langue française. C'était en 1732.

Petit test de culture générale
pour les mordus.

**1. Quelle serait approximativement
la proportion de vampires au sein
de la population mondiale ?**

a. 1 vampire pour 1 000 humains

b. 1 vampire pour 10 000 humains

c. 1 vampire pour 100 000 humains

**2. Quelle est la principale caractéristique physique
d'un vampire ?**

a. Il a le nez crochu

b. Il sent mauvais des pieds

c. Il a de longues canines

3. Où dort traditionnellement un vampire ?

a. Dans son cercueil

b. À l'hôtel

c. Dans sa baignoire

4. Quelle est la température corporelle d'un vampire ?

a. 20 °C

b. 27 °C

c. 34 °C

5. Pourquoi dit-on que le vampire est immortel ?

a. C'est un abus de langage, mais il peut vivre plusieurs siècles
avant de mourir de lassitude

b. Parce qu'il peut survivre à des blessures qui seraient fatales
pour un être humain

c. Parce qu'il est, force est de le constater, toujours vivant

6. Laquelle de ces propositions est exacte ?

a. Le vampire ne doit pas tuer un humain uniquement pour son plaisir

b. Le vampire ne doit jamais révéler l'existence des vampires

c. Le vampire doit impérativement se nourrir les soirs de pleine lune

7. À la force de combien d'hommes est équivalente celle d'un seul vampire ?

a. 5 hommes

b. 12 hommes

c. 30 hommes

8. La lune a-t-elle une influence sur les vampires ?

a. Oui

b. Non

9. Que dit-on d'un vampire qui mord aussi bien les hommes que les femmes ?

a. Il est bisanguin

b. Il est « à croc et à dent »

c. Il est bisexuel

10. Quel sens est particulièrement développé chez le vampire ?

a. Le toucher

b. L'ouïe

c. Le goût

LA PREMIÈRE VAMP

Le terme « vamp », diminutif du mot vampire, a été pour la première fois employé en 1914, à propos d'une actrice danoise dont le pseudonyme Theda Bara n'était autre que l'anagramme de l'expression anglaise « arab death ». Elle prenait des poses lascives, assise ou allongée sur des squelettes humains.

11. Que se passe-t-il si vous brandissez un miroir face à un vampire ?

a. Il meurt de peur en voyant ses crocs et son teint blafard

b. Il vérifie qu'il n'a pas d'acné

c. Il ne voit pas son reflet

12. Est-ce que les vampires ont une dent contre les humains ?

a. Oui

b. Non

13. Qu'est-ce qu'un vampire dit « végétarien » ?

a. Un vampire qui ne boit que du sang de vierges

b. Un vampire qui ne boit pas de sang humain

c. Un vampire qui suce le sang à travers la peau sans y planter ses crocs

14. Quelle est la différence physique entre les vampires « carnivores » et « végétariens » ?

a. Les carnivores sont plus forts

b. Les végétariens sont plus malins

c. La couleur de l'iris se teinte différemment

15. Traditionnellement, un vampire ne peut pas entrer chez quelqu'un sauf… ?

a. S'il a apporté le dessert

b. S'il promet de faire la vaisselle avant de partir

c. S'il a été invité à y entrer

16. À quelle vitesse un vampire peut-il se déplacer ?

a. À 5 mètres par seconde

b. À 50 mètres par seconde

c. À 340 mètres par seconde

17. Comment appelle-t-on un groupe de vampires ?

a. Un clan

b. Un essaim

c. Un groupe sanguin

18. Quel animal est souvent associé au vampire ?

a. Le loup

b. Le rat

c. La chauve-souris

19. Comment appelle-t-on les personnes qui souhaiteraient devenir elles-mêmes vampire ?

a. Des Twilighters

b. Des Wannabes

c. Des Minauds

20. Que signifie l'expression « avoir mauvaise mine » pour un vampire ?

a. Avoir un teint cadavérique

b. Être « resplendissang »

c. Ni l'un ni l'autre

CROYANCES POPULAIRES AUTOUR DU SEL

Autrefois, il était d'usage de dessiner une ligne de sel au sol, pour barrer le passage au vampire. Celui-ci aurait, paraît-il, été incapable de la franchir.

Dans le folklore roumain, une femme enceinte devait manger salé pour ne pas condamner au vampirisme l'enfant qu'elle allait mettre au monde.

1. c. 1 vampire pour 100 000 humains

2. c. Il a de longues canines
Elles sont acérées comme des crocs.

3. a. Dans son cercueil
Si possible, il y met un peu de sa terre natale
pour se ressourcer.

4. b. 27 °C
Selon une étude scientifique russe, elle serait
comprise entre 27 et 30 °C.

LÉGENDE URBAINE

Au cours des années 1960, une étude scientifique
aurait été menée en Russie, sur de véritables vampires,
nourris grâce à des dons volontaires de sang humain.

Des extraits de cette étude sont publiés dans *Enquête
sur les vampires* de Fabrice Colin et Jérôme Noirez (2010).
La C. I. A. aurait détruit toute trace de cette étude,
dans les années 1970, jugeant ce type de recherches
inutile et sans aucun intérêt pour la sécurité
du territoire américain.

5. b. Parce qu'il peut survivre à des blessures qui seraient fatales pour un être humain

Usuellement, par « immortel », on entend qu'il ne peut pas mourir de façon naturelle ou de vieillesse.

6. b. Le vampire ne doit jamais révéler l'existence des vampires

7. b. 12 hommes

8. a. Oui

Elle les régénère. Les soirs de pleine lune, les vampires sont encore plus puissants.

9. c. Il est bisexuel

Si, dans la littérature du 19ᵉ siècle, le premier vampire homosexuel était une femme (Carmilla), il aura fallu attendre plus d'un siècle pour voir apparaître les vampires bisexuels.

10. b. L'ouïe

Ce sens est sept fois plus développé que chez un humain. Certains vampires peuvent entendre leur proie dans un rayon de 150 mètres.

11. c. Il ne voit pas son reflet

Selon de vieilles croyances, le miroir renvoie non seulement l'apparence mais aussi l'âme de la personne qui s'y reflète. Les vampires étant jadis considérés comme des êtres sans âme, très logiquement, ils ne pouvaient en aucun cas s'y refléter. De plus, les miroirs contenaient des nitrates d'argent comme fond de tain. Or, comme chacun sait, les vampires ne supportent pas l'argent. Certains d'entre eux font pourtant fi de ces croyances et n'éprouvent aucune difficulté à vérifier le grain de leur peau, à la première occasion.

12. b. Non

Les humains ne sont que de la nourriture pour les vampires. Avez-vous déjà eu une dent contre votre steak ?

13. b. Un vampire qui ne boit pas de sang humain

RÉGIMES ALIMENTAIRES

Le sang de porc, d'une saveur onctueuse, serait la boisson de prédilection des vampires végétariens. Le sang frais de poulet, pour des raisons assez obscures, serait impropre à la consommation... Pour limiter les risques d'intoxication, il est conseillé de le mettre quelques secondes au four à micro-ondes avant de le consommer.

14. c. La couleur de l'iris se teinte différemment

L'iris des carnivores peut parfois tourner au rouge sanguin, surtout pendant leurs repas, tandis que celui des végétariens se teinte d'une nuance ambrée.

15. c. S'il a été invité à y entrer

Vous pouvez à tout moment retirer votre invitation.
Le vampire sera alors retenu à l'extérieur de chez vous,
par une force invisible.

16. b. À 50 mètres par seconde

Il se déplace plus rapidement que l'œil humain ne peut
le percevoir, mais moins vite que le son (340 mètres par
seconde). Si c'était le cas, son déplacement produirait
une détonation.

17. a. Un clan

Parfois, on parle également de meute, de bande,
de nichée ou de couvée.

18. c. La chauve-souris

19. b. Des Wannabes

… *They wanna be a vampyre*… Ils voudraient bien être
un vampire…

20. c. Ni l'un ni l'autre

Son crayon n'écrit pas bien !

LA CHAUVE-SOURIS VAMPIRE

En 1769 (soit bien après l'apparition des vampires), le naturaliste Buffon
nomma « chauves-souris vampires » des chiroptères d'Amérique du Sud
qui se nourrissent principalement du sang des bovins. La *Desmodus
Rotondus*, de son nom scientifique, mord ses victimes avec ses petites
dents pointues, puis lèche le sang.

QUELQUES RÈGLES FONDAMENTALES

- Un vampire ne doit jamais tuer un autre vampire, ni boire son sang (ce qui serait considéré comme un acte de cannibalisme)

- Il ne doit en aucun cas révéler l'existence des vampires à des mortels

- Il doit camoufler ses attaques

- Si un vampire n'obtient pas le consentement de sa proie avant de boire son sang, l'acte pourra être qualifié de viol

- Un vampire doit le respect à ses aînés

- Il est interdit de transformer un mortel en vampire sans l'autorisation du chef de secteur ou de toute autre autorité vampirique locale

- L'abandon du « nouveau-né » est jugé criminel. Son Sire (c'est-à-dire son créateur) en a la charge pendant au minimum 10 années, au cours desquelles il doit lui apprendre toutes les règles qui régissent la société des vampires. Il devra également lui apprendre à maîtriser sa force et ses nouveaux pouvoirs, ainsi qu'à vivre parmi les humains sans se faire remarquer

Du crépuscule de Dracula à l'aube des survivants

La nouvelle intitulée *The Vampyre* (*Le vampire*), publiée en 1819 par John William Polidori, est aujourd'hui considérée comme la première véritable œuvre de fiction sur le vampirisme. Au titre des écrivains fondateurs du mythe du vampire, on peut également citer l'écrivain irlandais Joseph Sheridan Le Fanu qui, en 1872, publie *Carmilla*, un récit érotique où le buveur de sang est une femme démoniaque et homosexuelle. Pour sa nouvelle, Le Fanu se serait inspiré de la hongroise Erzsébet Bathory (1560-1614), surnommée « la comtesse vampire ». Celle-ci fut accusée d'avoir retenu en captivité et torturé des dizaines, voire des centaines de jeunes filles, dans son château de Csjethe, non loin des Carpates. Certaines légendes racontent qu'elle buvait le sang de ses victimes et d'autres, qu'elle s'y baignait, pour préserver sa jeunesse et sa beauté. Toutefois, les historiens modernes pensent que ces histoires sanguinolentes, bien qu'aristocratiques, ne seraient que pures légendes.

C'est en partie sur cette base littéraire, mais surtout à partir d'une documentation sur l'histoire et le folklore d'Europe centrale, que Bram Stoker écrivit *Dracula*, en 1897.

Selon les historiens Raymond McNally et Radu Florescu, auteurs de *In search of Dracula* (*À la recherche de Dracula*), paru en 1972, l'écrivain irlandais se serait, quant à lui, inspiré d'un personnage historique pour façonner le héros de son roman. Il s'agit du Prince Vlad III, qui régna sur la Valachie, province des Carpates en Transylvanie (le « pays par-delà les forêts » - actuelle Roumanie). Sous son règne, de 1455 à 1462, ce tyran sanguinaire, surnommé Vlad Țepeș (Vlad l'empaleur) ou Vlad Dracula, aurait fait empaler plusieurs dizaines de milliers de personnes.

DRACULA

Lors de ses recherches historiques, Bram Stoker mentionna ceci dans ses notes : « En valaque, Dracula signifie démon. » Faux ! Mais il est probable que l'écrivain se soit inspiré de cette information erronée qu'il avait puisée dans un ouvrage consacré à la Valachie.

Le terme « Dracul » vient du latin « draco » qui veut dire « dragon », et la particule « a » signifie « fils de ». Dracula signifie donc « le fils du dragon » (son père étant un chevalier de l'ordre du dragon).

Une lance était enfoncée dans le corps du condamné, avant d'être plantée à la verticale dans le sol. La victime, qui restait ainsi suspendue, succombait plus ou moins rapidement. Bien que Bram Stoker se soit certainement inspiré de Vlad Dracula pour écrire son roman, aucune preuve n'associe la vie ou la mort de celui-ci au vampirisme.

Le vampire, tel que créé par Bram Stoker, est satanique, sans pitié ni remords. Il a un physique laid et repoussant : des oreilles pointues, la paume des mains velue, des sourcils broussailleux, une épaisse moustache et une haleine fétide. Des croyances populaires du 18e siècle, Bram Stoker retient non seulement le physique hideux des bêtes sanguinaires, mais aussi leur crainte devant les objets de culte chrétiens, et l'utilisation de l'ail comme répulsif.

Au vampire de Polidori, il a ajouté l'obligation de dormir sur sa terre natale, les absences d'ombre au sol et de reflet dans le miroir, l'impossibilité d'entrer dans une demeure sans y avoir été invité, l'incapacité de franchir des étendues d'eau… Le vampire, sous la plume de Stoker, devient polymorphe, se transformant tantôt en chauve-souris ou en loup, tantôt en brouillard.

Du *Dracula* de Bram Stoker est né un véritable mythe moderne.

La première adaptation cinématographique de ce roman est le film muet intitulé *Nosferatu*, de l'allemand Friedrich Murnau, en 1922, avec Max Schreck dans le rôle du comte Orlock. La veuve de Stoker intenta un procès contre la production pour violation de droits d'auteur. Elle obtint que les bobines soient détruites. Heureusement, quelques copies cachées ont été soigneusement conservées.

Dans cette « symphonie de l'horreur » (sous-titre du film), le vampire traverse les murs, comme un fantôme. Il est laid, chauve, ses oreilles sont pointues et ses doigts ressemblent à de longues griffes. Contrairement au Dracula de Bram Stoker, le Nosferatu de Murnau craint la lumière, à l'instar des croyances et des légendes européennes. Cette particularité deviendra dès lors une caractéristique vampirique récurrente.

Mais le point de départ du mythe cinématographique est le film *Dracula* de Tod Browning, en 1931. Dans cette nouvelle adaptation du roman de Stoker, Bela Lugosi (dans le rôle du vampire) interprète un aristocrate doué d'une faculté hypnotique par le regard… encore plus efficace que les phares des voitures qui paralysent les lapins au milieu de la route. Comme dans la pièce de théâtre, tirée du roman de Bram Stoker et dans laquelle Lugosi incarne le personnage de Dracula, l'acteur porte un smoking sombre et une longue cape noire qui rappelle les ailes d'une chauve-souris… Depuis, la cape est aux vampires ce que le balai est aux sorcières.

Contrairement aux idées reçues, le vampire n'a pas toujours eu des crocs à la place des canines. Jadis, le vampire était un suceur. Il aspirait le sang de ses victimes par la peau, sans leur infliger de morsure. Dans *Dracula* (de Stoker), Mina décrit deux petits points rouges pas plus gros qu'une tête d'épingle. Les canines, longues et pointues comme celles d'un loup, ne sont apparues qu'en 1958. C'est Christopher Lee, dans *Le cauchemar de Dracula*, de Terence Fisher, qui a lancé « la mode canine » !

Les années 1960, 1970 et 1980 regorgent de vampires sangui-nolents assoiffés de sang, voire de chair humaine : du *Bal des vampires* de Roman Polanski, en 1967, au *Vampire de ces dames* de Stan Drogoti, en 1979, en passant par *Blacula, le vampire noir* de William Crain, en 1972.

IL PARAÎTRAIT QUE...

Les canines ne serviraient pas uniquement à transpercer la chair. Chez certains vampires, le sang passerait dans un canal dentaire, pour irriguer directement leur système veineux.

En 1992, Francis Ford Coppola propose une nouvelle adaptation du roman épistolaire de Bram Stoker, avec son film intitulé *Dracula*. C'est un drame fantastique, et non un film d'horreur comme l'étaient jusqu'ici la plupart des « Dracula » classiques.

Deux ans plus tard, et pour la première fois dans l'histoire du mythe du vampire, un autre personnage vient faire de l'ombre au célèbre Dracula. Il s'agit du fameux Lestat. Et comme si cela ne suffisait pas, celui-ci se moque en plus de tout l'attirail religieux, il s'admire dans un miroir et est bisexuel. L'adaptation du roman d'Anne Rice, *Entretien avec un vampire* (publié en 1976), réalisée en 1994 par Neil Jordan, marque un véritable tournant dans l'évolution du mythe. Dès lors, le vampire abandonne ses lettres de noblesse, jette sa vieille cape noire, et préfère maintenant se fondre dans les populations des grandes villes modernes.

Ce sont certes toujours de dangereux buveurs de sang, mais maintenant, les vampires sont horriblement, voire irrésistiblement, « sexy », que ce soit dans *Les chroniques des vampires*,

True Blood, Twilight, ou encore *Le journal d'un vampire*, pour ne citer que ceux-là. Derrière leur craquant sourire et leur teint blafard, peut désormais se cacher un être sensible. Le vampire, souvent incarné par un séducteur, se moralise et s'humanise. Il partage ses souffrances et son intolérable addiction au sang humain. Il verse même parfois quelques larmes de sang. Rejetant sa monstruosité, il refuse de tuer les humains pour gagner son immortalité. Il vit de sang animal ou de sang synthétique… Quoi qu'on en dise, ces substituts de repas, c'est comme les soupes déshydratées hypocaloriques, qui enlèvent la faim mais pas le plaisir… tout comme le tofu ne remplace pas un steak bien saignant (ni un Stackhouse, comme Sookie, héroïne de *True Blood*) !

Heureusement, il reste toujours et encore des vampires sans âme, experts pour manipuler sans le moindre sentiment de culpabilité, dénués de sentiments humains, si ce n'est la peur de brûler en enfer. Ils n'ont ni pitié ni remords. Ils ont une très haute opinion d'eux-mêmes et sont d'un égoïsme absolu. On les retrouve inlassablement aux côtés de nos héros (avec ou sans « hache »)… N'oublions pas que le mythe du vampire, depuis le 19e siècle, est chargé de connotations, même si l'amour n'a jamais vraiment été le fort des vampires avant *True Blood*.

Toujours célibataires, ils se contentaient souvent de faire la cour (ou plus, si affinités) par succion. La morsure, souvent appelée « le baiser du vampire », est chargée de connotations érotiques, et c'est avec ses crocs que le vampire pénètre sa proie. L'acte est jouissif, à tel point qu'on peut se demander si le point de Gräfenberg n'est pas subitement remonté jusqu'à la jugulaire.

DES VAMPIRES EN SÉRIE

- **Buffy contre les vampires**
(*Buffy, The Vampire Slayer* – 1997)

- **Angel** (1999)

- **Being Human** (2008)

- **True Blood** (*De chair et de sang* – 2008)

- **The Vampire Diaries**
(*Journal d'un vampire* – 2009)

TITRE	RÉALISATEUR DATE	COMMENTAIRES
Nosferatu, eine Symphonie Des Grauens *Nosferatu, une symphonie de la terreur*	Friedrich W. Murnau 1922	Un film sur le film : *L'ombre du vampire*, réalisé en 2000 par E. Elias Merhige (avec John Malkovich et Willem Dafoe) raconte « l'histoire » du Nosferatu de Murnau
Dracula	Tod Browning 1931	Première adaptation officielle du roman de Bram Stoker, avec Bela Lugosi
The Hunger *Les prédateurs*	Tony Scott 1983	Avec Catherine Deneuve et David Bowie
Fright Night *Vampire, vous avez dit vampire ?*	Tom Holland 1985	Le chasseur de vampires s'appelle Peter Vincent, en l'honneur de Peter Cushing et Vincent Price (célèbres acteurs de films d'horreur)
The Lost Boys *Génération perdue*	Joel Schumacher 1987	Suivi de *Lost Boys : The Tribe* (*Génération Perdue 2*) en 2008, réalisé par P. J. Pesce
Near Dark *Aux frontières de l'aube*	Kathryn Bigelow 1987	Le mot «vampire» n'est jamais prononcé dans le film
Bram Stoker's Dracula *Dracula*	Francis Ford Coppola 1992	Adaptation du roman de Bram Stoker, avec Gary Oldman, Keanu Reeves, Wynona Ryder et Anthony Hopkins
Interview with the Vampire *Entretien avec un vampire*	Neil Jordan 1994	D'après le roman d'Anne Rice intitulé *Interview with the Vampire* (1976)

TITRE	RÉALISATEUR DATE	COMMENTAIRES
Blade	Stephen Norrington 1998	Inspiré d'un personnage de bande dessinée
		Suivi de *Blade II* (de Guillermo Del Toro, 2002), puis de *Blade : Trinity* (de David S. Goyer, 2004)
The Forsaken *Les vampires du désert*	J. S. Carbone 2001	Un discret hommage à John Carpenter : une station-service nommée *The Thing*, titre de l'un de ses films
Queen of the Damned *La Reine des Damnés*	Michael Rymer 2002	Suite du film *Interview with the Vampire*, de Neil Jordan (1994)
Van Helsing	Stephen Sommers 2004	Avec Hugh Jackman et Richard Roxburgh
30 Days of Night *30 jours de nuit*	David Slade 2007	Suivi de *30 jours de nuit 2 : jours sombres* (*30 Days of Night : Dark Days*), de Ben Ketai, en 2010
Twilight	Catherine Hardwicke 2008	Saga d'après les romans de Stephenie Meyer :
		Fascination (2008)
		Tentation (2009), de Chris Weitz
		Hésitation (2010), de David Slade
		Révélation, prévu en deux parties, pour 2011 et 2012
Daybreakers *L'Aube des survivants*	Peter et Michael Spierig 2010	Extinction de la race humaine prévue pour 2019 !

1. De Pointe du Lac, personnage de fiction créé par Anne Rice

2. Partie du corps particulièrement tendre et vascularisée

3. Lugosi, interprète de Dracula dans le film de Tod Browning - 1931

4. Chapitre III de la saga *Twilight*

5. Keanu, interprète de Jonathan Harker dans *Dracula*, de F. F. Coppola (en 1992)

6. « Le _____ du vampire » : appelation romantique de la morsure d'un vampire

7. Personnage vampirique

8. *Les* _____, titre du film réalisé par Tony Scott – 1983

9. Bram, écrivain, auteur de *Dracula* - 1897

10. Black, personnage fictif dans *Twilight*

11. Michael, réalisateur du film *La Reine des Damnés* - 2002

12. Edward, personnage de fiction, dans la série *Twilight*

13. Stackhouse, héroïne de la série *True Blood*

14. Anne Summers, célèbre chasseuse en série de vampires

15. Molloy, journaliste dans *Entretien avec un vampire* d'Anne Rice

16. *Twilight* ou la *Saga du* _____ *interdit*, série de romans de Stephenie Meyer

17. Howard Allen O'Brien, (de son vrai nom), auteure des *Chroniques des Vampires*

18. Série télévisée américaine, intitulée *De chair et de sang* au Québec

19. Canines proéminentes des vampires

20. Francis Ford, réalisateur du film *Dracula* - 1992

21. Titre du film de Stephen Norrington - 1998

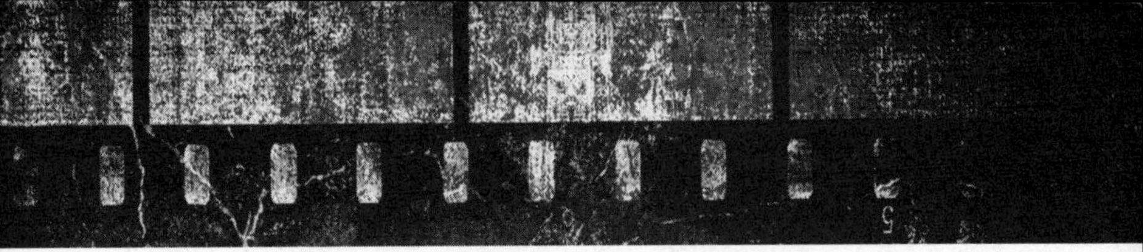

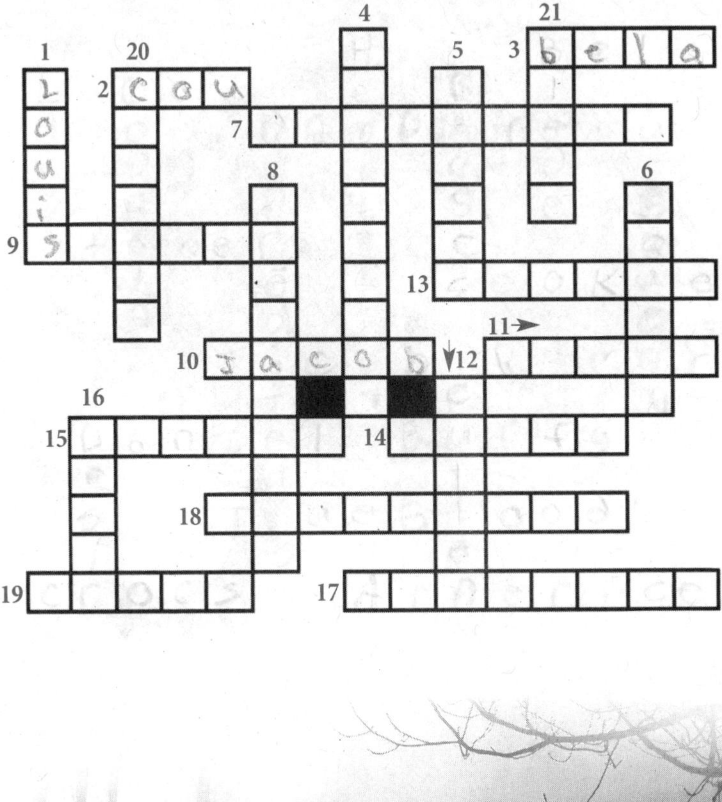

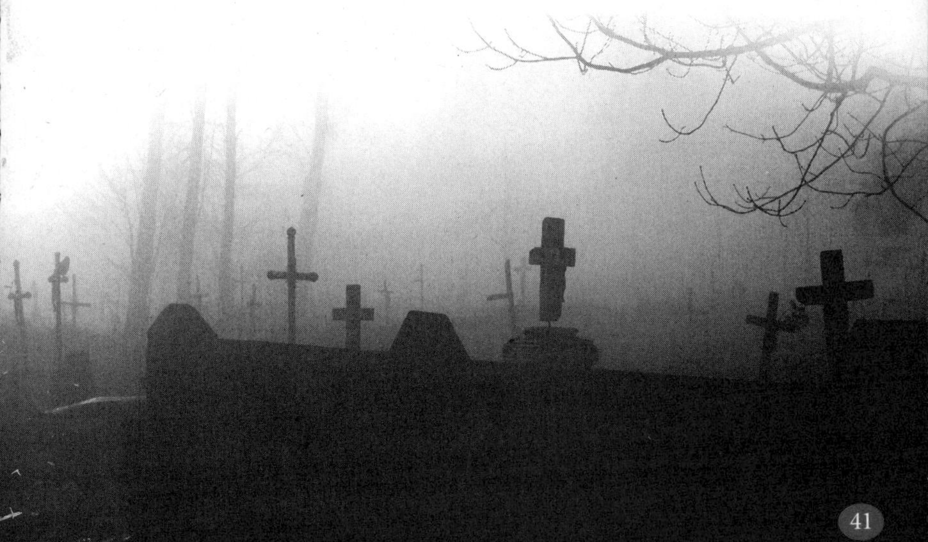

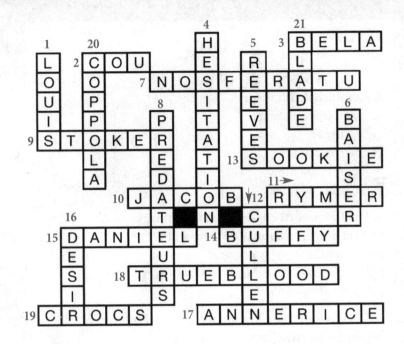

Cinéma d'horreur,
thrillers, drames,
comédies et parodies…

**1. Combien de films sur
les vampires ont déjà
été réalisés ?**
a. Environ 200 films
b. Environ 400 films
c. Environ 600 films

NOSFERATU

Le terme « nosferatu » vient du grec
« nosophoros » qui signifie
« porteur de peste ».

**2. Quel film, sorti en 2000, rend hommage
au film muet *Nosferatu* de Murnau (1922) ?**
a. *Dracula 2000*
b. *La sagesse des crocodiles*
c. *L'ombre du vampire*

**3. Combien de fois Christopher Lee a-t-il interprété
le personnage de Dracula au cinéma ?**
a. 5 fois
b. 17 fois
c. 55 fois

**4. Comment s'appelle la série d'Anne Rice dont
le premier tome est intitulé *Entretien avec un vampire* ?**
a. *Vampire chronicles* (*Chroniques des vampires*)
b. *Vampire Diaries* (*Le journal d'un vampire*)
c. *Moonlight*

**5. Dans quelle ville se passent les aventures de *Buffy
contre les vampires* ?**
a. Mystic Falls
b. Bon Temps
c. Sunnydale

6. Où se situe l'action dans le film
30 jours de nuit (*30 Days of Night*) ?

a. Au Canada
b. Au Groenland
c. En Alaska

7. Selon le film *L'Aube des survivants* (*Daybreakers*),
en quelle année les vampires domineront-ils la planète ?

a. En 2012
b. En 2019
c. En 2022

8. Qui a réalisé *Dracula* en 1992 avec Gary Oldman
(dans le rôle du vampire) ?

a. Clint Eastwood
b. Francis Ford Coppola
c. James Cameron

9. Dans ce film, adapté du roman de Bram Stoker,
quel personnage tue le comte Dracula ?

a. Van Helsing
b. Jonathan Harker
c. Quincey P. Morris

10. Dans *True Blood*, qui a inventé le sang synthétique ?

a. Les Américains
b. Les Roumains
c. Les Japonais

TRUE BLOOD ET TRUE STORY

Anna Paquin (alias Sookie Stakhouse dans *True Blood*)
est née à Winnipeg au Canada. Elle s'est mariée
en août 2010 avec Stephen Moyer, qui n'est autre
que Bill Compton, son partenaire dans la série.

11. Quelles sont les propriétés du sang de vampire ?

a. Il est aphrodisiaque

b. Il est analgésique

c. Il fait maigrir

12. Dans lequel de ces films le mot « vampire » n'est-il jamais prononcé ?

a. *Aux frontières de l'aube* (*Near Dark*)

b. *Génération perdue* (*Lost Boys*)

c. *Les vampires du désert* (*The Forsaken*)

13. *Le bal des vampires* (*The Fearless Vampire Killers*) de Roman Polanski est… ?

a. Un film d'horreur

b. Une parodie

c. Un drame fantastique

14. Dans quel film le vampirisme est-il associé au SIDA (transmission du virus et traitement médicamenteux pour ralentir l'évolution de la « maladie ») ?

a. *Génération perdue* (*Lost Boys*)

b. *Une nuit en enfer*

c. *Les vampires du désert*

15. Dans *The Vampire Diaries* (*Le journal d'un vampire*), qu'utilisent les humains pour se protéger des vampires ?

a. De l'ambre

b. De l'aubépine

c. De la veine de Vénus

16. Quel est le plat préféré d'Edward Cullen dans *Twilight* ?

a. Le caribou

b. Le loup

c. Le puma

17. Avant d'interpréter Edward Cullen dans *Twilight*, dans lequel de ces films Robert Pattinson est-il apparu ?

a. *Men in Black*

b. *The Lost Boys*

c. *Harry Potter*

18. Dans quel film une transfusion de sang humain permet-elle d'inverser le processus de vampirisation ?

a. *Aux frontières de l'aube (Near Dark)*

b. *Les vampires du désert (The Forsaken)*

c. *30 jours de nuit (30 Days of Night)*

19. Connaissez-vous le titre français de *Twilight* ?

a. *La saga du désir interdit*

b. *Dans la lumière des vampires*

c. *Mon épitaphe*

20. Quel âge avait Stephenie Meyer quand elle a publié le premier tome de *Twilight* ?

a. 32 ans

b. 49 ans

c. 67 ans

BIENVENUE À FORKS

L'office de tourisme de Forks propose des circuits « Twilight » : la maison de Bella, le lycée, la maison des Cullen... Vous pourrez choisir votre chambre « Edward » ou « Bella », manger des Bellasagne, acheter du chocolat Jacob et repartir avec votre photo aux côtés d'Edward... ambiance twilightesque assurée.

1. c. Environ 600 films

2. c. *L'ombre du vampire*
Shadow of the vampire a été réalisé par Elias Merhige,
avec John Malkovich (dans le rôle de Murnau)
et Willem Dafoe (dans le rôle de Max Schreck,
l'interprète de Nosferatu).

3. b. 17 fois

4. a. *Vampire chronicles* (*Chroniques des vampires*)

5. c. Sunnydale
Bon Temps, en Louisiane, est la ville fictive de *True Blood* et
Mystic Falls, celle du *Journal d'un vampire*.

6. c. En Alaska

7. b. En 2019
La population humaine sera alors
au bord de l'extinction.

8. b. Francis Ford Coppola
C'est une adaptation du roman de Bram Stoker.

LE SAVIEZ-VOUS ?

Sarah Michelle Gellar (alias *Buffy*, dans
la série *Buffy contre les vampires*) avait
la phobie des cimetières. Lors d'une interview,
elle aurait confié : « Je crie chaque fois que je
passe devant un cimetière… La première
saison a été un cauchemar. Pour la deuxième,
la production a dû en construire un faux. »

9. c. Quincey P. Morris

C'est lui qui donna le coup de grâce, et non le célèbre Van Helsing.

10. c. Les Japonais

Ils ont aussi inventé, dans *Vampire Knight* (manga japonais), les « Blood Tablets » (comprimés de sang). Ce sont des substituts de repas qui ont le goût, la couleur et l'odeur du sang.

11. a. Il est aphrodisiaque

Cette drogue aurait des effets non seulement aphrodisiaques, régénérateurs, mais aussi psychotropes. Le trafic est juteux pour les trafiquants de « Bon temps ». Dans *True Blood*, le sang de vampire est appelé « V juice » (le jus de la vie). Dans *The Lost Boys*, il est vendu en ampoules, sous le nom de « la soif ».

12. a. *Aux frontières de l'aube* (*Near Dark*)

Film réalisé par Kathryn Bigelow en 1987.

13. b. Une parodie

Le titre original du film est *The Fearless Vampire Killers or Pardon Me, But Your Teeth Are in My Neck* (littéralement : *Les intrépides tueurs de vampires ou Pardonnez-moi, mais vos dents sont dans mon cou*).

14. c. *Les vampires du désert*

15. c. De la veine de Vénus

LA VEINE DE VÉNUS

Ce n'est rien d'autre que de la verveine !... comme en témoigne la version originale (anglophone) : il s'agit en effet de « vervain » (verveine), poétiquement traduit par « veine de Vénus ». Non seulement la verveine protège-t-elle les humains contre le pouvoir hypnotique des vampires, mais en plus, elle donne au sang un goût très désagréable.

16. c. Le puma

17. c. *Harry Potter*

En 2005, dans *Harry Potter et la Coupe de feu*, puis en 2007, dans *Harry Potter et l'Ordre du Phoenix*. Il y interprète le rôle de Cedric Diggory, attrapeur de l'équipe Poufsouffle au Quidditch, et participant au tournoi des trois sorciers.

18. a. *Aux frontières de l'aube (Near Dark)*

19. a. *La saga du désir interdit*

Mais la saga est plus connue sous son titre anglais.

20. a. 32 ans

Elle est née le 24 décembre 1973.

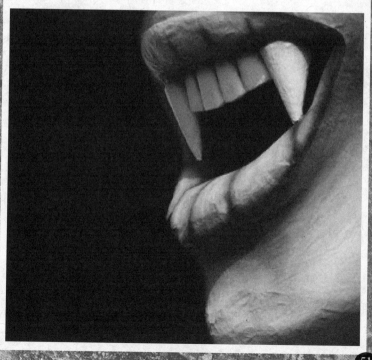

Extraits

« Un vampire ne boit jamais… de vin. »
Dracula, de Francis Ford Coppola (1992)

« La Nouvelle-Orléans est truffée de vampires. »
True Blood (*De chair et de sang*), série télévisée

« Si vous pensez être un vampire, consultez un psy. »
Le baiser du vampire (aussi intitulé *Embrasse-moi vampire* –
titre original : *The Vampire's Kiss*), de Robert Bierman (1988)

« Ne prenez pas d'auto-stoppeur en plein milieu du désert
de l'Arizona. »
Les vampires du désert (*The Forsaken*), de J. S. Carbone (2001)

« Ne comptez pas sur un vampire pour vous réchauffer
les pieds. »
Twilight : Hésitation (2010), de David Slade

« Jeter un vampire dans une baignoire, ce n'est définitivement
pas une bonne idée pour votre tuyauterie. »
Génération perdue, de Joel Schumacher (1987)

« La pensée négative ne résout pas les problèmes. »
Buffy contre les vampires, série télévisée

« Procurez vous un flingue. Si, par hasard, vous devenez sensible à la lumière du jour et que vous êtes déshydratée, même
après avoir bu plus que de raison, je vous suggère de vous
poser le flingue sur la tempe et d'appuyer sur la détente. »
Blade, de Stephen Norrington (1998)

1. De quelle quantité de sang un vampire a-t-il besoin pour garantir son immortalité ?

a. Moins de 1 litre par jour

b. À peine 2 litres par semaine

c. Plus de 5 litres par semaine

2. Pourquoi le vampire mord-il de préférence le cou ?

a. Parce que ça sent bon

b. Parce que la chair y est tendre et facile à percer avec les dents

c. Parce qu'il aime bien avoir un cheveu sur la langue

3. Mis à part le cou, à quel endroit les vampires aiment-ils planter leurs crocs ?

a. Dans les fesses

b. Au poignet

c. À l'intérieur de la cuisse

4. Est-ce que la morsure et la succion d'un vampire sont douloureuses pour la victime ?

a. Oui

b. Non

5. Un moustique peut-il transmettre le vampirisme ?

a. Oui

b. Non

6. Un vampire suce-t-il sa victime jusqu'à la dernière goutte ?

a. Souvent

b. Rarement

c. Jamais

HÉMATOPHAGIE

L'hématophagie désigne un régime alimentaire à base de sang. On parle d'animaux hématophages (*hémato* pour sang et *phage* pour « qui se nourrit de »), ou d'animaux sanguinivores. C'est notamment le cas de la chauve-souris vampire et de la sangsue.

7. En combien de temps un vampire peut-il saigner à blanc sa proie ?

a. En moins de 5 minutes

b. En 15 minutes

c. En 30 minutes

8. Laquelle de ces victimes potentielles a le plus de chances d'attirer un vampire ?

a. Une danseuse de charme

b. Une femme à la beauté fatale

c. Une jeune fille pure

9. Que se passe-t-il si un vampire boit le sang d'une personne ivre ?

a. Il se sentira ivre pendant une petite demi-heure

b. Il ne ressentira aucun effet

c. Il deviendra très agressif

10. Un vampire peut-il perdre son sang-froid ?

a. Oui

b. Non

LE SAVIEZ-VOUS ?

Quel que soit le groupe sanguin, le sang humain a un goût métallique, en raison de la présence de fer dans notre sang.

11. Que se passe-t-il si un vampire manque de sang ?

a. Ses oreilles s'allongent

b. Ses crocs rétrécissent

c. Il perd sa peau

12. À partir de quel âge un humain peut-il devenir vampire ?

a. À partir de n'importe quel âge

b. À partir de 4-5 ans

c. À partir de 10-12 ans

13. Si un vampire boit le sang d'un loup-garou, que se passera-t-il ?

a. Le vampire sera empoisonné

b. Le loup-garou retrouvera sur-le-champ sa forme humaine

c. Le vampire sera encore plus puissant

14. Comment peut-on tenter de sauver une victime qui a été mordue ?

a. En lui faisant boire du sang humain

b. En tuant le vampire qui l'a mordue

c. En lui enfonçant un pieu dans le cœur

15. Dans ces histoires de vampires, qui sont les « innosangs » ?

a. Les humains qui ne peuvent pas devenir vampires

b. Les vampires enfants

c. Les simples humains… ou poches de sang sur pattes, si vous préférez

LE SAVIEZ-VOUS ?

Le corps humain contient environ 5 litres de sang. Si le vampire ne prend qu'un seul litre, la victime ne sentira pas vraiment la différence, si ce n'est le besoin de reprendre des forces. Entre 1 et 1,5 l, la tête tourne et le rythme cardiaque s'accélère. Au-delà de 2 l, il faut une transfusion sanguine.

1. b. À peine 2 litres par semaine

Les experts ne s'accordent pas sur la quantité exacte. Il semblerait toutefois que le minimum « vital » se situe entre 700 ml et 1 litre, et que leurs besoins augmenteraient avec l'âge. Plusieurs études démontrent que la quantité moyenne serait de 2 litres par semaine, et de nombreux témoignages le confirment.

2. b. Parce que la chair y est tendre et facile à percer avec les dents

3. c. À l'intérieur de la cuisse

Ils visent la veine grande saphène qui remonte la cuisse, juste sous la peau. Leurs crocs peuvent donc l'atteindre facilement. Le débit y est assez important et régulier.

4. b. Non

La salive du vampire, comme celle du moustique, contient un anesthésiant.

LE SYNDROME DE RENFIELD

Le syndrome de Renfield (du nom d'un des personnages du roman de Stoker), aussi appelé « vampirisme clinique », est un désordre mental qui pousse un individu à boire du sang humain (le sien ou celui d'autrui).

5. b. Non

Tout simplement parce que les moustiques ne piquent pas les vampires ! Les moustiques ne sont pas attirés par la chaleur corporelle des vampires (froids comme des cadavres), ni par leur odeur de transpiration (puisque les vampires ne transpirent pas), ni par le gaz carbonique qu'ils dégagent (car ils n'en dégagent pas).

6. c. Jamais

La lie (c'est-à-dire les derniers millilitres) peut s'avérer mortelle pour le vampire. C'est un poison.

7. a. En moins de 5 minutes

La vitesse de succion peut atteindre 1 litre par minute quand le vampire est pressé.

8. c. Une jeune fille pure

« Une vierge, c'est le filet mignon des vampires » !

9. b. Il ne ressentira aucun effet

La quantité d'alcool qui sera passée dans le sang de la victime, même ivre morte, sera équivalente à une bonne bière, pour le vampire.

10. b. Non

Au sens littéral, un vampire ne peut pas perdre son sang (qui est froid), car s'il se coupe, il cicatrice instantanément.

11. a. Ses oreilles s'allongent
C'est le premier signe de « l'anémie » du vampire.
Dans *L'Aube des survivants* (*Daybreakers*, sorti en 2010),
on parle aussi d'une détérioration du lobe frontal chez
les vampires privés de sang humain.

12. b. À partir de 4-5 ans
En théorie, il n'y a pas d'âge. Mais comment voulez-vous
qu'un bébé puisse planter ses dents de lait dans le cou
de ses victimes ? Et quelle maman vampire voudrait avoir
à s'occuper d'un bébé jusqu'à la fin de ses jours ? La plus
jeune vampire serait Claudia (dans *Entretien avec un vampire*).
Elle était âgée de 5 ans, lors de sa vampirisation.

13. a. Le vampire sera empoisonné
Le sang du loup-garou affaiblira le vampire, comme une sorte
de poison.

14. b. En tuant le vampire qui l'a mordue
Mais il ne faut pas que la victime soit déjà totalement
métamorphosée.

LE SAVIEZ-VOUS ?
Selon une ancienne croyance,
les loups-garous, lorsqu'ils meurent,
deviennent des vampires.

15. a. Des humains qui ne peuvent pas devenir vampires

Si un « innosang » goûte le sang du vampire qui l'a mordu (lors du rituel de vampirisation), il ne se transformera pas à son tour en vampire. Pour le plus grand malheur du vampire, le mortel mourra et deviendra un ange qui aura le pouvoir de hanter son vampire tout au long de sa vie, aussi éternelle soit-elle.

Et ce scénario-là, on ne l'a pas encore vu au cinéma !

LA DRACULINE

Dérivant du nom du célèbre comte Dracula, la draculine est une protéine aux propriétés anticoagulantes, contenue dans la salive des chauves-souris vampires. Cet anticoagulant leur permet de laper tranquillement le sang qui coule des blessures infligées à leurs proies.

UN VACCIN CONTRE LE VAMPIRISME

Nos ancêtres s'immunisaient contre la vampirisation en mangeant du pain trempé dans le sang du défunt présumé vampire ou en s'enduisant le corps de son sang. Comme toute vaccination, cette technique n'était efficace que si ce rituel avait été accompli avant la contamination. L'efficacité du traitement n'a pas été scientifiquement prouvée.

Identification du vampire

La première chose à savoir, pour être en mesure de vous défendre, c'est comment reconnaître un vampire quand vous en croisez un. Une personne pourra être suspectée de vampirisme si elle répond à au moins cinq des critères suivants.

- Un teint blafard (voire même cadavérique selon son régime alimentaire)
- Un pouvoir de séduction hors du commun
- Un regard hypnotique (généralement soutenu par des sourcils broussailleux)
- Une force impressionnante
- Un ongle taillé en pointe (généralement celui du pouce)
- Des canines plus ou moins proéminentes
- Une sensibilité à la lumière du jour
- Une température corporelle anormalement basse
- Un rythme cardiaque imperceptible
- Des saignements réduits en cas de blessure
- Une culture générale hors du commun (surtout en histoire)
- Un tempérament égoïste

Vous suspectez votre voisin d'être un vampire ? Qu'à cela ne tienne, vous devez en avoir le cœur net. Voici quelques techniques pour démasquer les vampires.

LES PHOTOS

Demandez à voir des photos de son enfance ou son album de famille. Cette technique perd cependant de son efficacité avec les logiciels de retouche, actuellement présents sur le marché informatique, on s'entend sur ce point.

LE CURRICULUM VITÆ

Faites-le parler de ses différentes expériences personnelles et professionnelles. S'il prétend avoir 20 ans et qu'il vous dit combien la vie d'adolescent sans téléphone mobile ni Internet était difficile, nul doute que vous avez affaire à un vampire ou à un menteur chronique.

LA NOURRITURE

Son réfrigérateur est vide ? Proposez-lui de venir manger chez vous. Inutile de lui concocter un plat de pâtes au pesto pour le démasquer. Un simple refus de sa part en dira long. Au mieux, vous ne l'intéressez pas. Au pire, c'est un vampire.

LA LUMIÈRE

S'il ne veut pas tester vos talents de cuisinier (ou de cuisinière), proposez-lui une sortie (en plein jour). S'il se camoufle en plein été, ou s'il empeste la crème solaire en plein hiver, votre oiseau de nuit pourrait bien vite se transformer en chauve-souris.

LA BLESSURE

Dernière tentative ! Vous êtes maladroit(e), et c'est tant mieux. Débrouillez-vous pour le blesser (assez sévèrement si possible) sans éveiller ses soupçons. Vous jugerez vous-même de la vitesse de cicatrisation.

Quiz « Chasseur de vampires »

1. Quels sont les principaux lieux d'infestation vampirique ?

a. Les cimetières et les tombeaux

b. Les boîtes de nuit

c. Les églises

2. Pourquoi les vampires ont-ils souvent une sainte horreur de tout ce qui est religieux ?

a. Parce qu'ils ne sont pas croyants

b. Parce qu'ils n'ont plus aucun espoir de finir au Paradis

c. Parce qu'ils ne peuvent assister qu'à une seule messe par année (la messe de minuit à Noël)

3. Qui est le plus célèbre des chasseurs de vampires ?

a. Van Helsing

b. Buffy

c. Blade

4. Pourquoi, pour tuer un vampire, lui enfonce-t-on un pieu dans le cœur ?

a. Parce que, de toute façon, le vampire n'a plus d'organes vitaux à proprement parler

b. Parce que le cœur était jadis considéré comme le réceptacle de l'âme

c. Parce que ça nous tient à cœur de poursuivre cette tradition

5. Quelle est l'heure idéale pour tuer un vampire ?

a. À l'aube

b. À midi

c. Au crépuscule

6. Selon d'anciennes croyances, quel serait le meilleur jour pour les tuer ?

a. Le mardi

b. Le samedi

c. Le dimanche

7. Quelle plante (hormis l'ail et la verveine) est une arme anti-vampirique ?

a. L'aubépine

b. La lavande

c. La mandragore

LES ATTRAPEURS D'OMBRES

Il s'agissait de chamans, chasseurs de vampires. Ils attrapaient l'esprit avec une bouteille-ombre, un récipient de petite taille dans lequel ils emprisonnaient la « substance » des esprits et des vampires. Cette notion de « bouteille-ombre » explique aussi les légendes autour des génies ou autres esprits enfermés dans des bouteilles ou des lampes.

8. Les pouvoirs surnaturels des vampires augmentent-ils ou diminuent-ils avec l'âge ?

a. Ils augmentent

b. Ils diminuent

c. Ils sont toujours les mêmes

9. Que fait une hostie posée sur la peau d'un vampire ?

a. Elle provoque une sérieuse brûlure

b. Elle fond en sang

c. Elle part en fumée

10. Pour qu'elles soient encore plus efficaces, dans quel liquide doit-on tremper les armes blanches utilisées dans la chasse aux vampires ?

a. Dans du sang

b. Dans du vin

c. Dans de l'eau bénite

11. À quelle condition un crucifix est-il efficace ?

a. Il faut qu'il ait exactement les mêmes proportions que la croix du Christ

b. Il faut qu'il soit taillé dans le même bois que la croix du Christ

c. Il faut qu'il soit béni par un prêtre

12. Pourquoi les armes utilisées dans la chasse aux vampires sont-elles de préférence en argent ?

a. Parce que l'argent a des propriétés antimicrobiennes

b. Parce que c'est moins cher que de l'or

c. C'est une question d'esthétique

13. Pourquoi est-il recommandé de décapiter les vampires ?

a. Parce que la tête était jadis considérée comme le siège de l'âme

b. Parce que cela rappelle la guillotine

c. Pour qu'ils ne puissent plus réfléchir

14. Qu'est-ce que « la grande réparation » ?

a. Le rituel d'élimination d'un vampire

b. La confession d'un vampire devant un prêtre

c. La résurrection de toutes les victimes d'un vampire

15. Les vampires ne supportent pas de porter des chaussettes dépareillées. Vrai ou Faux ?

a. Vrai

b. Faux

QUEL ÂGE AURAIENT-ILS en 2011 ?

Dracula : 5 siècles

Lestat : 222 ans (né humain en 1769 – vampirisé en 1789)

Louis : 220 ans (né humain le 4 octobre 1766 – vampirisé en 1791)

Edward Cullen : 93 ans (né humain le 20 juin 1901 – vampirisé en 1918)

Bill Compton : 143 ans (né humain le 9 avril 1840 – vampirisé le 20 novembre 1868)

1. a. Les cimetières et les tombeaux

2. a. Parce qu'ils ne sont pas croyants
Disons plutôt qu'ils ne sont pas très pieux !

3. a. Van Helsing

4. b. Parce que le cœur était jadis considéré comme le réceptacle de l'âme

5. b. À midi
Durant la journée, même à l'abri de la lumière du jour, les vampires sont plus faibles et leurs pouvoirs sont limités.

6. b. Le samedi
Le lendemain de la mort du Christ serait un jour saint. Dans la culture juive, c'est le sabbat.

7. a. L'aubépine

BLAGUE A PART

Un petit garçon, mal aimé de ses camarades, demande à son papa pourquoi les autres enfants disent de lui que c'est un vampire. Que lui répond son père ?
a. Demain tu seras gentil avec tes camarades... tu leur apporteras des « croix-sangs »
b. J'irai parler à ton « ensaignant »
c. Tais-toi et mange ta soupe...

Réponse c. Tais-toi et mange ta soupe...... avant qu'elle ne coagule !

8. a. Ils augmentent
Plus un vampire est âgé et plus ses pouvoirs sont développés.

9. a. Elle provoque une sérieuse brûlure

10. c. Dans de l'eau bénite

11. b. Il faut qu'il soit taillé dans le même bois que la croix du Christ

12. a. Parce que l'argent a des propriétés antimicrobiennes
Depuis l'Antiquité, l'argent est utilisé comme purificateur.

13. a. Parce que la tête était jadis considérée comme le siège de l'âme
… tout comme le cœur (voir question 4).

14. a. Le rituel d'élimination d'un vampire
Ce rituel consistait jadis à enfoncer un pieu dans son cœur, à le décapiter et à le réduire en cendres. Empêcher un défunt de sortir de sa tombe (en clouant le corps au cercueil par exemple), s'appelait jadis « la petite réparation ».

15. a. Vrai
Et ce n'est pas leur seul TOC (trouble obsessionnel compulsif). Il paraît qu'ils ne peuvent pas s'empêcher de compter : par exemple, des graines de pavot mises dans leur cercueil ou des grains de riz sur le pas de votre porte… Cette technique était jadis très répandue pour retenir les vampires.

A
AIL
ANNE
AUBE

B
BAISER

C
COU
CROCS
CŒUR
CUISSE
CHAUVE-SOURIS

D
DRACUL
DÉCAPITER

E
EMPALEMENT

H
HELSING
HALLOWEEN

L
LIE
LOUIS
LUMIÈRE

M
MIDI

N
NOSFERATU

R
RICE

S
SEL
SANG

T
TOM
TRANSYLVANIE

V
VAMPIRE
VAMPIROLOGUE

En 6 lettres : Nom d'un personnage de fiction

T	L	E	R	E	T	I	P	A	C	E	D
S	A	N	G	U	R	I	C	E	R	S	R
U	U	O	C	G	A	U	B	E	O	S	A
T	N	A	O	O	N	T	O	M	C	I	C
A	E	H	E	L	S	I	N	G	S	U	U
R	E	A	U	O	Y	M	I	D	I	C	L
E	W	N	R	R	L	U	M	I	E	R	E
F	O	N	T	I	V	A	M	P	I	R	E
S	L	E	M	P	A	L	E	M	E	N	T
O	L	I	E	M	N	E	L	O	U	I	S
N	A	S	B	A	I	S	E	R	L	I	A
C	H	A	U	V	E	S	O	U	R	I	S

Pour découvrir le mot caché, rayez la liste de mots de la page précédente dans la grille ci-dessus. Attention, ils peuvent être écrits de gauche à droite, de droite à gauche, de bas en haut ou encore, de haut en bas. À vous de jouez !

Réponse du mot caché de la page 75 : LESTAT

La trousse du chasseur de vampires

Voici une liste non exhaustive qui énumère les principales armes que possède un bon chasseur de vampires qui se respecte.

- Des crucifix (en bois de frêne, d'aubépine, ou en argent)

- Des hosties

- De l'eau bénite (en flasques, sous forme d'ampoules, dans des flacons pulvérisateurs, ou bien alors un pistolet à eau bénite)

- De l'ail (sous forme de fleurs, de gousses, d'huiles essentielles en aérosol ou encore en seringue)

- Une bible

- Des pieux et un maillet en bois

- Des armes blanches tranchantes dont les lames (de préférence en argent) ont été trempées dans de l'eau bénite

- Une arme à feu avec des balles en argent (si possible, également trempées dans l'eau bénite)

- Un miroir

- Des cierges (utiles pour faire votre prière)

- Un briquet, des allumettes (ou plus radicalement un chalumeau pour faire de la crème brûlée)

- Une lampe à ultraviolet

- Un émetteur d'ultrasons pour déboussoler les ennemis (dont l'ouïe est aussi fine que celle d'une chauve-souris)

- Des lunettes de vision nocturne (pour pouvoir combattre dans la nuit)

Enfin, pour éviter tout mal de gorge, sachez qu'un chasseur de vampires ne sort jamais sans un foulard ou une écharpe autour du cou.

GRANDE RÉPARATION

C'est le rituel consistant à enfoncer un pieu dans le cœur du vampire, avant de le décapiter, puis de le réduire en cendres, afin de l'anéantir.

L'utilisation des armes

- **L'usage du pieu est un rite mythique de la chasse aux vampires**

Seuls sont efficaces les pieux taillés dans des bois durs (frêne, aubépine, érable ou tremble) ou les pieux en argent (fatals pour les vampires modernes).

- **Les crucifix et les croix les éloignent**

Ils peuvent aussi causer quelques brûlures (bien vite soignées) si vous arrivez à vous approcher de votre adversaire. Ce sont les armes de prédilection de Van Helsing dans *Dracula* (de Francis Ford Coppola, 1992). Si une personne a déjà été mordue, ne serait-ce qu'une seule fois, l'attirail religieux au complet (croix, crucifix, y compris les hosties) pourrait avoir sur elle le même effet que sur un vampire.

- **L'eau bénite est censée brûler la chair des vampires comme l'acide brûle les chairs humaines**

En vaporisateur, c'est une arme encore plus efficace qu'une bombe lacrymogène. Jugez-en plutôt en regardant *Une Nuit en enfer* (*From Dusk Till Dawn*, de Robert Rodriguez, 1996) ou encore *Génération perdue*.

- **Quant à la bible, c'est un atout**

Récitez quelques versets bien choisis à votre vampire.

Il est important de préciser que seule une personne qui a la foi et un esprit fort pourrait tenir à distance un vampire avec des symboles religieux, quels qu'ils soient. C'est le cas de Van Helsing dans *Le cauchemar de Dracula*, de Fisher (1958).

L'utilisation des armes

• **L'ail est utilisé depuis des siècles pour faire fuir les vampires**

C'est l'amulette de protection par excellence. Selon les experts, ce sont les fleurs, et non les gousses, qui seraient d'efficaces répulsifs anti-vampires. Blade (dans le film de Stephen Norrington – 1998) utilise l'ail non seulement en aérosol mais aussi en injection intraveineuse, comme antidote à la vampirisation.

Toutefois, ne croyez pas que croquer de l'ail suffira à repousser les vampires; c'est surtout les vivants que vous allez faire fuir avec votre mauvaise haleine.

• **Le miroir peut s'avérer également utile**

Dans *Dracula 2000* (de Wes Graven, en 2000, avec Christopher Plummer dans le rôle du chasseur de vampires et Gerard Butler dans celui de Dracula), Van Helsing utilise un grand miroir pour piéger le vampire. Dracula, face au miroir, voit l'image du chasseur, alors que celui-ci se trouvait derrière lui. Malin, non ?

Prenez garde, car de nombreux vampires modernes s'y reflètent sans problème.

• **La plupart des chasseurs utilisent la lumière du jour pour terrasser les vampires**

À l'exception de quelques créatures « nouvelle génération », les *saigneurs* des ténèbres sont réduits en cendres par les rayons du soleil. Les exemples ne manquent pas : *Entretien avec un vampire, Les vampires du désert, L'Aube des survivants*, etc.

• **Les armes à feu sont aussi efficaces sur les vampires que des pistolets de paintball**

Si vous voulez avoir une chance de les blesser, optez pour des balles d'argent trempées préalablement dans de l'eau bénite.

À l'arsenal classique du chasseur de vampires, on a rajouté des lunettes pour la vision de nuit (pour vous battre « à armes égales »), des émetteurs d'ultrasons (pour leur donner une bonne migraine) et des lampes à ultraviolet, comme celles utilisées dans *Lost Boys* pour faire fuir les vampires, ou comme dans *Blade*, pour les brûler.

Pour terrasser les vampires tout en limitant les risques, nous vous conseillons de repérer leur chambre à coucher et d'attendre le lever du jour pour intervenir. Vous avez le choix entre trois techniques qui ont déjà fait leurs preuves.

La première consiste à attacher solidement une chaîne autour du cercueil, avant d'y mettre le feu. Le vampire n'aura aucune chance d'en réchapper.

La deuxième technique consiste à sortir le cercueil dehors et à attendre patiemment que le soleil soit à son zénith pour l'ouvrir et ainsi exposer le vampire à la lumière du jour. Attention : ça pue le cochon grillé !

La troisième technique est plus dangereuse : il s'agit d'ouvrir le cercueil, d'enfoncer un pieu dans le cœur du vampire avant qu'il ne se réveille, de le décapiter (avec une pelle de fossoyeur, de préférence) et de le réduire en cendres sur un bûcher. Il est prudent de jeter ensuite de l'eau bénite sur les cendres… juste pour être bien sûr qu'il ne revienne pas.

Précisons qu'un vampire, lorsqu'il est exécuté, se désintègre littéralement sous vos yeux (c'est le cas des vampires âgés), ou se transforme progressivement (s'il vient d'être infecté). Dans ce cas, ses canines se rétractent et le cadavre retrouve l'apparence humaine que le défunt avait au moment de son décès.

Si un vampire est anéanti avant même que sa victime ne soit totalement vampirisée, alors celle-ci échappera à son funeste sort.

Le vrai ou faux des vampires

		VRAI	FAUX
1.	Les vampires sont des surhommes	☑	☐
2.	Les vampires n'ont pas besoin de dormir	☐	☐
3.	Les vampires peuvent vivre même si on leur arrache leurs crocs	☐	☐
4.	Les vampires ne vieillissent pas	☐	☐
5.	Les vampires ne ressentent aucune douleur	☐	☑
6.	Les vampires ne supportent pas l'ail	☐	☐
7.	Les vampires ne supportent pas les objets sacrés	☐	☑
8.	Une simple morsure suffit pour être transformé en vampire	☐	☐
9.	Les vampires pourraient anéantir l'espèce humaine	☐	☐
10.	Les vampires pourraient survivre sans les hommes	☐	☐

Réponses vrai ou faux

1. Les vampires sont des surhommes : VRAI

La force d'un vampire est au minimum égale à celle d'une douzaine d'hommes. Il est agile et défie les lois de la physique (il peut grimper un mur à la verticale, faire l'araignée au plafond, faire des bonds de plusieurs dizaines de mètres et quelques sauts périlleux en arrière pour se sortir de situations difficiles). Ses perceptions sensorielles sont décuplées et il maîtrise l'art de l'hypnose, tout comme celui de la transformation (il peut se transformer en animal ou en brouillard selon les circonstances). Il peut même contrôler les animaux et bouge à une vitesse hallucinante (plus vite que l'œil humain ne peut le percevoir). Il a une sensation limitée de la douleur, n'est jamais malade et se régénère en cas de blessure qui serait mortelle pour un humain. Et comme si cela ne suffisait pas, sachez que ses pouvoirs augmentent avec l'âge.

2. Les vampires n'ont pas besoin de dormir : FAUX

L'une des rares vulnérabilités des vampires est que, comme nous, ils ont besoin de dormir ! À quelques rares exceptions, ils sont contraints de regagner leur « tombe, sweet tombe » (ou un quelconque endroit hermétique à la lumière), avant qu'apparaissent les premières lueurs de l'aube. Ils doivent y rester cloîtrés jusqu'au crépuscule. Autrefois, on prétendait que les vampires puisaient leurs forces dans la terre natale sur laquelle ils se reposaient.

3. Les vampires peuvent vivre même si on leur arrache leurs crocs : FAUX

Arracher les canines d'un vampire, ce serait lui ôter ses attributs de prédateur, tant animal (imaginez un lion sans crinière, ou un loup sans crocs) que sexuel (comme un humain émasculé). Dans un état proche de la dépression, le vampire cesserait de s'alimenter. Aucune étude n'a, jusqu'à aujourd'hui, permis de comprendre pourquoi les canines ne repoussent pas, alors qu'en cas de blessures mortelles, les vampires se régénèrent immédiatement.

4. Les vampires ne vieillissent pas : FAUX

Ils ont certes une longévité exceptionnelle, mais leur éternelle jeunesse est un mythe.

Le métabolisme du « nouveau-né » est pour ainsi dire en état d'hibernation (les fonctions sont ralenties). Ensuite, les décennies et les siècles passant, le métabolisme du vampire entre progressivement dans un état proche de la cryptobiose. Cet état, observé chez les tardigrades (aussi appelés oursons d'eau), permet notamment à ces minuscules animaux (mesurant moins de 1,5 mm à l'âge adulte) de rester intacts pendant 8 ans, sans aucun signe de vieillissement.

LONGÉVITÉ

En termes de vieillissement, 10 ans pour un homme correspondent à seulement quelques semaines pour un vampire.

Réponses vrai ou faux (suite)

5. Les vampires ne ressentent aucune douleur : FAUX
Mais ils sont cependant très résistants à la douleur en raison de la présence d'hémorphines dans leur sang. Ces petites molécules (fragments d'hémoglobine) imitent les effets de la morphine.

Il est probable, selon certaines théories scientifiques, que l'absorption de sang humain engendre la production d'hémorphines dans l'organisme des vampires. Ceci expliquerait l'addiction des vampires au sang humain.

6. Les vampires ne supportent pas l'ail : FAUX
Il fut un temps où l'ail, particulièrement lorsqu'il était en fleurs, était considéré comme le plus puissant des répulsifs anti-vampires. Mais il est aujourd'hui admis que l'aversion des vampires pour l'ail serait essentiellement d'ordre psychosomatique. Les troubles organiques ou fonctionnels seraient en effet favorisés et aggravés par des facteurs psychiques.

7. Les vampires ne supportent pas les objets sacrés : FAUX
Là encore, l'aversion pour tout ce qui est religieux, et plus particulièrement les crucifix et la bible, serait d'origine psychosomatique. Rappelons, pour votre sécurité, que seul un homme qui a la foi pourra tenir à distance un vampire en brandissant un crucifix.

Athées, s'abstenir !

8. Une simple morsure suffit pour être transformé en vampire : FAUX
Pour gagner son immortalité, la victime doit boire le sang de son suceur : ceci est une règle fondamentale établie par Bram Stoker. Mais comme toute règle, elle est forcément parfois bafouée.

9. Les vampires pourraient anéantir l'espèce humaine : VRAI
Si les humains ne trouvent pas une solution pour combattre le vampirisme ou inverser le processus de vampirisation, les vampires pourraient possiblement anéantir l'espèce humaine.

10. Les vampires pourraient survivre sans les hommes : FAUX
Si les vampires ne trouvent pas de substituts sanguins plus efficaces que le *true blood*, en cas de surpopulation, les ressources humaines et animales ne se renouvelleront pas suffisamment rapidement pour répondre à leurs besoins. Toutes proportions gardées, les vampires se retrouveraient dans la même situation que celle dans laquelle l'humanité se trouve aujourd'hui : la pénurie de matières premières et la surexploitation des ressources non renouvelables.

À L'ÉTRANGER...

Le vampire chinois s'appelle le *Ch'ing Shih*. Il a des serres d'oiseau (qui lui servent à attraper ses proies), ses yeux sont rouges et son pelage est verdâtre.

Le vampire japonais ressemble à un chat géant.

Le vampire bulgare n'a qu'un seul trou de nez.

Le vampire de Malaisie ressemble, quant à lui, à un criquet avec une queue pointue qu'il enfonce dans la peau de ses victimes.

« SANGSURE »

Le processus de vampirisation requiert trois morsures pendant trois nuits consécutives. La victime du vampire se met alors à dépérir progressivement. Attaquée pendant son sommeil, elle ne garde qu'un étrange souvenir et ignore consciemment l'origine de son état de faiblesse. La victime doit être quasiment vidée de tout son sang (le vampire ne boit jamais la lie). Quand sa mort est imminente, le vampire s'écorche volontairement (à l'avant-bras ou à la poitrine) pour laisser couler son sang (une eau de vie éternelle) dans la bouche de sa victime.

Selon certains démonologues, l'origine des vampires remonterait à l'Antiquité, avec les lamies (des démons femelles ailés et munis de serres), les empuses (des créatures hideuses pouvant prendre l'apparence de femmes sensuelles et aguicheuses pour séduire les hommes et les dévorer dans une étreinte amoureuse) et les stryges (des serpents ailés à buste et à tête de femme qui se nourrissaient de cadavres).

Dans les contes des *Mille et une nuits*, on retrouve les goules… mais dans une version beaucoup plus méchante que celle de la famille Weasley (pour les Pottermaniaques) !

Les goules des *Mille et une nuits* qui ressemblent à d'affreuses sorcières aux pieds fourchus, hantaient les déserts et les cimetières où elles se nourrissaient tantôt de chair humaine encore tiède, tantôt de cadavres, et pouvaient parfois se transformer en de jolies jeunes femmes.

Mais bien qu'elles soient considérées comme les premières suceuses de sang de tous les temps, ces créatures assoiffées de sang, et qui parfois se nourrissaient de chair humaine, étaient des divinités incarnées, et non des êtres humains revenus à la vie, comme le sont les vampires modernes.

Les siècles passant, maintes légendes, inspirées de ces mythes, sont apparues dans le monde entier : le vrykolakas slave (un non-mort qui ressuscite pour tourmenter les vivants), le Ch'ing Shih chinois, l'Alp en Allemagne (qui s'invite dans les rêves des humains et provoque des crises d'hystérie et des suffocations), ou encore le Vârkolac en Russie.

Ce n'est qu'à l'aube du siècle des Lumières que le vampire a réellement commencé à sortir de sa tombe ! Vers la fin du 17e siècle, d'étranges faits sont alors signalés dans les contrées reculées d'Europe de l'Est et d'Europe centrale. Des défunts seraient revenus parmi les vivants pour les tuer les uns après les autres. Ils traînaient leurs restes pourrissants en dehors de leur tombe, et allaient ainsi boire le sang des villageois (comme l'upir slave) ou uniquement les tourmenter sous l'apparence d'un animal (comme le strigoï roumain).

Le terme « vampir » (vraisemblablement issu du russe « oupir ») a fait sa première apparition officielle en 1725, en Hongrie, dans un rapport établi par les autorités autrichiennes, à propos d'un certain Pierre Plogojowitz, accusé d'être réapparu six semaines après sa mort et d'avoir alors tué neuf personnes dans le village de Kisilova.

Pour apaiser les esprits, les autorités décidèrent d'exhumer le corps du présumé vampire.

À la stupeur générale, le corps du défunt avait le teint rose, et du sang frais coulait de sa bouche. Effrayés, les villageois décidèrent d'enfoncer un pieu dans le cœur de Plogojowitz. Du sang jaillit alors du corps par tous ses orifices. La dépouille fut aussitôt brûlée sur un bûcher. Pour tous ceux qui en douteraient, on ne parle pas ici de légendes, mais de faits historiques rapportés par les autorités de l'époque.

La véritable histoire des vampires ne fait alors que commencer !

En 1727, Arnold Paole fut accusé des mêmes maux : un mois après son décès, il serait revenu d'entre les morts pour sucer le sang des habitants de son village. Selon les récits de l'époque,

Paole aurait été vampirisé en mangeant de la viande d'un animal lui-même contaminé par un vampire. Les corps de Paole et de toutes ses victimes présumées furent alors exhumés et transpercés d'un pieu. Pour ainsi dire, tout le monde fut logé « à la même épitaphe ».

LE RITE DE DÉVAMPIRISATION AU 18ᵉ SIÈCLE

Il consistait à enfoncer un pieu dans le cœur du défunt, à décapiter le cadavre et, enfin, à le réduire en cendres sur un bûcher.

Tout au long du 18ᵉ siècle, les manifestations vampiriques sont consignées, répertoriées et analysées… C'est dans le rapport Flückinger, relatant les exploits sanglants de Paole, que le terme « vampire » (orthographié jusqu'ici « vampyre ») apparaît officiellement dans la langue française. Nous sommes en 1732, l'âge d'or des vampires.

PETITE RÉPARATION

C'était un rituel consistant à empêcher un cadavre de sortir de sa tombe. Il s'agissait le plus souvent de placer de lourdes pierres sur le corps (afin de l'immobiliser dans sa tombe) ou de clouer le cadavre au cercueil. Par précaution, il était également d'usage d'insérer de l'ail dans la bouche du défunt.

Au cours du 18e siècle, une véritable épidémie vampirique se propage à travers toute l'Europe centrale (Pologne, Autriche, Hongrie, Roumanie…), dès lors considérée comme le berceau du vampirisme.

Dans une atmosphère de psychose collective, les morts sont exhumés à la chaîne dans les cimetières, pour tuer les vampires.

Comme décrit dans la documentation minutieuse de l'époque, la première preuve de vampirisme était l'aspect intact des cadavres, c'est-à-dire l'absence de signes apparents de putréfaction. Pour soutenir l'accusation, il fallait ajouter la présence de sang visiblement encore frais dans le corps et dans la sépulture, la pousse apparemment ininterrompue des ongles et des cheveux, ainsi que des « hurlements » inhumains émis lorsqu'on enfonçait un pieu dans le cœur des cadavres ou alors qu'on leur coupait la tête. Certains rapports décrivent même des femmes enceintes mortes (et enterrées) dont on a retrouvé le fœtus entre leurs jambes, dans le cercueil.

Voici, pour vous rassurer, quelques macabres données médicales, encore méconnues au 18e siècle.

• La conservation des corps est favorisée par les grands froids, les caractéristiques hermétiques du cercueil (plomb recouvert d'étain), et le type de terre, comme les terres arsenicales particulièrement propices à la conservation des cadavres

• Ce qui ressemblait à des cris (lorsque le cadavre était transpercé d'un pieu), n'était en réalité que des sons provoqués par l'émanation subite des gaz de putréfaction. La pression de ces gaz peut être assez forte pour expulser un fœtus

• Ce qui ressemblait à du sang, jaillissant du cadavre, n'était autre qu'un fluide résultant de la décomposition des organes

Remarquons qu'aucune documentation de l'époque ne fait état d'une créature prise en flagrant délit de succion ! Et pourtant, le folklore européen décrit ses vampires d'une laideur repoussante et d'une puanteur indescriptible. On prétend, à cette époque, que l'ail fait fuir les vampires et qu'ils ne supportent pas la lumière du jour.

FOLKLORE ROUMAIN

Pour débusquer les vampires dans un cimetière, les roumains avaient une technique « infaillible » : y faire chevaucher un cheval blanc n'ayant jamais sailli, par un jeune homme vierge de préférence. Il faut que le cheval et son cavalier se promènent dans le cimetière qui est supposé abriter le vampire et qu'ils enjambent chaque tombe une à une. Lorsque le cheval refuse de passer sur une tombe et qu'il se cabre, cela signifie que la sépulture est occupée par un vampire.

FOLKLORE

Par prévention, les proches
du présumé vampire buvaient le sang
du défunt et inhalaient la fumée
du cadavre incinéré.

Les manifestations spectaculaires de vampirisme coïncident avec les grandes épidémies de peste, de fièvre jaune, de choléra et de rage. Notons que les symptômes de la rage (errance la nuit, troubles nerveux qui poussent les « enragés » à mordre leurs proches) pouvaient présenter quelques analogies troublantes avec le vampirisme. C'est ce qu'ont avancé, plusieurs décennies plus tard, de notables médecins, peut-être férus eux-mêmes de romans de science-fiction.

Pour éviter la contagion, les victimes étaient enterrées dans la plus grande hâte, sans même s'assurer de leur mort clinique… (à l'époque, les médecins ne connaissaient pas le coma). Lorsque les caveaux familiaux étaient à nouveau ouverts, à la stupeur générale, on découvrait des cadavres maculés de sang… Les pauvres victimes (des lacunes médicales de l'époque) avaient agonisé des jours durant, dans leur tombe, vomissant leur propre sang, grattant le cercueil avec leurs doigts écorchés, pour tenter d'échapper à leur funeste sort.

Faute d'explications médicales en ce temps-là, il n'en fallait pas plus pour laisser libre cours à l'imagination et alimenter les rumeurs… et ces « présumés défunts » devinrent de « présumés vampires »…

Il faudra attendre le 20e siècle pour mettre un nom scientifique sur le vampirisme : la porphyrie. Selon David Dolphin, de l'Université de Vancouver en Colombie-Britannique, la porphyrie, une maladie du sang, serait « la maladie du vampire ». En 1985, il soutint cette thèse médicale pour expliquer l'origine du mythe du vampire. Les symptômes de la porphyrie ne sont pas sans rappeler les histoires d'antan : une pâleur cadavérique (en raison de l'anémie), la photophobie (extrême sensibilité à la lumière), un développement anormal du système pileux et une intolérance à l'ail, histoire de parfaire le mythe ! Le problème est que, selon certains de ses confrères, Dolphin se serait fondé sur l'imagerie littéraire du personnage de Dracula, créé par Bram Stoker, pour étayer son hypothèse !

SUSPECTS !

Selon les croyances populaires, certaines personnes étaient prédestinées à devenir des vampires. Il s'agissait de bébés venus au monde avec des dents, les nouveau-nés coiffés (avec du placenta sur le crâne), le 7e fils d'un 7e enfant d'une famille, mais aussi les sorciers, les assassins, les suicidés, les personnes nées le jour de Noël, les excommuniés et toute personne n'ayant pas reçu, à sa mort, les derniers sacrements.

Test « Quel type de vampire seriez-vous ? »

Devenir un vampire, pour le meilleur
et pour le pire.

**1. Imaginez que vous venez d'être vampirisé.
Comment réagissez-vous ?**
a. Vous passez votre temps à tester vos nouveaux
   pouvoirs. Ça vous excite
b. Vous réfléchissez à votre avenir éternel, ça vous déprime
c. Vous avez faim et cette idée vous obsède

2. Pour assouvir votre faim, vous seriez plutôt… ?
a. Carnivore (des humains, rien que des humains)
b. Végétarien (que du sang animal) autant que possible
c. Végétalien (du *True Blood* et des *Blood Tablets*)
   et exceptionnellement végétarien

3. Pour tuer vos victimes, comment vous y prenez-vous ?
a. Par la séduction (vous trouvez ça tellement jouissif)
b. Par la violence (histoire de tester vos nouveaux pouvoirs)
c. Par surprise (pour ne pas les effrayer)

**4. Vous êtes désormais invincible et irrésistible.
Que pourrait-il bien vous manquer ?**
a. Le soleil
b. Un être cher qui resterait à vos côtés pour l'éternité
c. La célébrité

5. Que pensez-vous de votre nouvelle dentition ?
a. C'est plutôt *sexy*
b. C'est effrayant et vous n'osez plus sourire
c. C'est surtout tranchant. Vous n'arrêtez pas
   de vous couper la langue

6. Où décidez-vous d'élire domicile ?

a. À la campagne pour ne pas vous faire repérer.
La forêt sera désormais votre supermarché

b. En ville pour avoir toujours quelque chose à vous mettre
sous les crocs

c. Vous ne déménagez pas. L'idée de vous éloigner
de vos proches vous est insupportable

**7. Imaginez que vous tombiez amoureux d'un(e) mortel(le).
Que feriez-vous ?**

a. Vous vous éloignez pour ne pas lui nuire

b. Vous restez à ses côtés jusqu'à la fin de ses jours

c. Vous lui proposez l'éternité

8. Qu'est-ce qui vous manque le plus ?

a. La lumière du jour, définitivement

b. Les sentiments (la peur, le réconfort, la douleur,
le soulagement, la fierté, la sérénité…)

c. Rien, maintenant vous avez tout ce dont vous rêviez

9. Qu'est-ce qui vous manque le moins ?

a. Les études, le travail, la pression et les galères financières

b. Les mortels

c. Vos problèmes d'acné

10. De quoi avez-vous peur ?

a. De regretter éternellement votre condition humaine

b. De finir par vous ennuyer

c. De finir en enfer

Résultats

Question	Réponse a.	Réponse b.	Réponse c.	Vos points
1	2 points	1 point	4 points	2
2	3 points	2 points	1 point	2
3	3 points	3 points	1 point	
4	1 point	3 points	4 points	
5	3 points	3 points	2 points	
6	1 point	4 points	1 point	4
7	1 point	2 points	4 points	4
8	1 point	2 points	4 points	
9	2 points	2 points	3 points	
10	1 point	1 point	4 points	

Total de vos points   27

Moins de 14 points
Vous seriez un vampire mélancolique

L'éternité n'en finira pas de vous torturer. À vos yeux, vous serez devenu un enfant du diable et vous ne supporterez guère les frasques de vos congénères. Reclus, vous passerez le restant de votre existence à vivre comme un ermite dans son bois. Vous serez même prêt à vous dévoiler dans un entretien avec un mortel. Votre Sire aura pitié de vous.

Entre 15 et 25 points
Vous seriez un vampire éternellement satisfait

Vous apprécierez vos pouvoirs, mais vous vous en servirez toujours à bon escient, sans excès. Nouveau-né, vous serez un peu fougueux. Vous passerez vos premières décennies à jouir de la vie que vous saurez pourtant éternelle. Plus vous traverserez les siècles, plus vous gagnerez en sagesse et en sérénité. Vous deviendrez un vampire respectueux, distingué, cultivé et intelligent. Vous ressemblerez plus au docteur Cullen, le père d'Edward, dans *Twilight*, qu'à Eric Northman, dans *True Blood*.

Plus de 26 points
Vous seriez un vampire dangereux pour l'humanité

Les mortels ne représenteront plus rien pour vous, si ce n'est un encas ou une petite gâterie. Même vos congénères pâtiront de votre éternel besoin de supériorité. Vous serez une brute sanguinaire incapable du moindre sentiment. Votre soif de pouvoir n'aura d'égal que votre soif de sang. Lestat n'a qu'à bien se tenir.

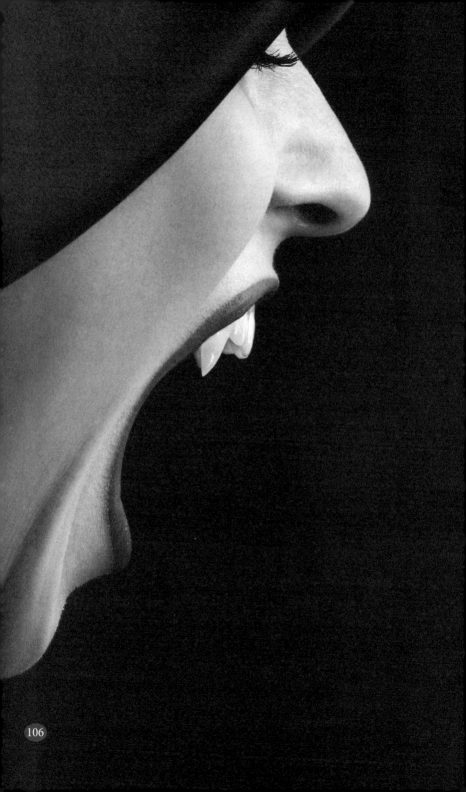

Génération Zêtalon

Une nouvelle génération de vampires est née

On dit que les vampires ne vieillissent pas et que le sang humain leur garantit non seulement l'immortalité mais aussi leur éternelle jeunesse. Pourtant, force est de constater qu'Edward Cullen (de la saga *Twilight*) n'a pas grand-chose de Dracula (le vampire de Bram Stoker), en dehors de quelques airs de famille.

Le vampire semble de plus en plus jeune. Centenaire, octogénaire, quinquagénaire, le voici maintenant au collège. Rappelons que Dracula avait tout de même 4 000 ans. Aujourd'hui, les vampires ont une ou plusieurs centaines d'années tout au plus. Lestat a été vampirisé en 1788 et Bill Compton, du village de Bon Temps en Louisiane, n'a que 173 ans.

On peut avancer deux hypothèses : soit Stoker ne s'était pas trompé en faisant rajeunir le comte Dracula tout au long de son récit, soit il existe une nouvelle race de vampires.

Nous y sommes !

Cette nouvelle race de vampires est une génération mutante que nous avons baptisée « Zêtalon ». On parle ici de vampires à peine âgés de 200 ans et d'apparence plus jeune (de 17 à 37 ans tout au plus). Ils ont une haleine fraîche (qui ne sent ni la mort, ni l'ail) et des ongles manucurés, contrairement au comte Orlock dans *Nosferatu*, dont les ongles étaient longs et crochus, comme les serres des créatures mythologiques.

D'un point de vue moral, on a évoqué précédemment les premiers signes de mutation génétique chez certains vampires dits modernes : ils éprouvent des sentiments (de révolte contre leur condition, ou encore d'amour vis-à-vis des mortels); ils ont une aversion pour le sang humain qu'ils refusent de consommer; ils peuvent s'accommoder de la lumière du jour (sans toutefois fréquenter les cabines de bronzage).

Les Zêtalons sont des vampires qui ont gouté le sang des mutants, c'est-à-dire des humains attaqués par des vampires mais n'ayant pas encore été métamorphosés. Leur sang a été « infecté ».

Les Zêtalons s'adaptent plus facilement à la vie des mortels qu'à celle de leurs éternels congénères et frères de sang ! On peut estimer que cette génération mutante sera la plus viable de tous les temps : les Zêtalons sont dotés des mêmes pouvoirs surhumains que leurs ancêtres originels, mais sont moins vulnérables. Ils ne craignent plus l'ail, ni les symboles religieux. Les derniers cas somatiques ont été traités avec des traitements placebo. Les vampires peuvent désormais se mêler aux vivants sans éveiller leurs soupçons.

Rassurez-vous, les Zêtalons sont encore peu nombreux, quelques milliers tout au plus, à travers le monde, et principalement aux États-Unis… Pour l'instant, ils restent dans l'ombre des générations précédentes (Alpha, Bêta, Gamma, Delta, Epsilon et Zêta). Soyez vigilants !

Même s'ils ne font que peu de victimes, et uniquement dans le but de pallier à leur éternelle solitude, ces êtres mutants ne sont pas pour autant inoffensifs. Ils sélectionnent scrupuleusement leur proie, l'épie, la dévore des yeux, l'écoute au loin… (N'oublions pas que leurs sens sont aiguisés, comme leurs canines.) Peut-être l'un d'entre eux vous épie-t-il déjà depuis longtemps ? N'avez-vous jamais senti une présence derrière votre fenêtre ? Ne vous êtes-vous jamais retourné dans la rue, sur une personne inconnue qui vous fixait intensément ?

Les Zêtalons ressemblent à un voisin, à une amie, à un passant qui passe… inaperçu.

Ils travaillent de préférence à partir de leur domicile (traders, écrivains, concepteurs de jeux vidéo, traducteurs, avatars professionnels ou modérateurs…). Aux soirées dans les bars, ils préfèrent les sorties au cinéma (mais ils ne mangent jamais de maïs soufflé)… Ils préfèrent passer leurs vacances d'hiver en Laponie plutôt qu'aux Seychelles… Ils sont introvertis et ne parlent pas beaucoup d'eux (de peur d'être démasqués…). Quand vous leur demandez leur boisson préférée, ils répondent le Bloody Mary, car généralement ils ne manquent pas d'humour… Ils déménagent souvent car ils ne vieillissent pas (comme les mortels…). Ils adorent les films sur les loups-garous… Ils se promènent seuls les nuits de pleine lune (car le satellite de la terre les régénère…). Ils ne vont jamais chez le médecin… c'est un amant qui vous prend dans ses bras, et vous transporte là où personne encore ne vous a emmené… c'est une amante tombée du 7e ciel et qui vous invite à la reconduire, pour vous montrer de plus près les étoiles… Ce sont les Zêtalons, mi-hommes, mi-démons !

Faites confiance à votre sixième sens. Si vous vous sentez irrésistiblement attiré par une personne, et vulnérable à ses côtés, comme hypnotisé… si cette personne vous effraie autant qu'elle vous attire… prenez garde, vous êtes peut-être sous l'influence d'un vampire Zêtalon. Écoutez votre instinct.

Un dernier conseil : Si un inconnu vous propose d'aller prendre un verre (« boire un coup »), répondez, sans perdre votre sang-froid, que vous préférez rentrer vous coucher (« aller au pieu »…).

Il n'y a, à ce jour, aucun moyen vraiment fiable pour débusquer les Zêtalons, si ce n'est une prise de sang, suivie d'une recherche immunobiologique. Ne décapitez pas votre voisin uniquement parce que vous n'aimez pas son style vestimentaire un tantinet gothique ! Si vous vous trompez de cible, il se peut que le véritable Zêtalon, qui se cache derrière l'autre porte de votre palier, se jette alors à votre cou.

Aussi effrayant que cela puisse paraître, de nombreuses personnes sont aujourd'hui infectées, sans même le savoir. Voici quelques symptômes : pâleur (signe d'une anémie), fatigue, légère augmentation de la température corporelle (car le système lutte contre un agent pathogène), perte progressive de l'appétit, déshydratation (peau sèche), et absence de menstruation chez les femmes. Bien entendu, aucun médecin aujourd'hui ne vous dira que ces troubles sont liés à une quelconque vampirisation.

Pourtant, le seul moyen de sauver une victime consiste à pratiquer, sous haute surveillance médicale bien entendu, une transfusion sanguine complète. Ce sera sa seule chance de s'en sortir vivante, et encore mortelle.

Lorsque leur état s'aggrave, certaines victimes peuvent développer une véritable obsession du sang. Là encore, la médecine moderne a une réponse : il s'agit d'une forme d'hématomanie (obsession du sang), bien connue aux États-Unis, où le nombre de malades atteints de cette maladie serait, à ce jour, estimé à plus de 55 000 « humains ».

Personne ne semble se préoccuper de la menace vampirique pour l'humanité. Les médias préfèrent parler de la pollution, des changements climatiques et de la pénurie de matières premières. Il paraît toutefois que depuis déjà plusieurs années, des scientifiques tentent de trouver un traitement efficace pour traiter le vampirisme et sauver l'humanité tout entière, mais aussi en chacun de nous. Ce sont d'éminents vampirologues, des spécialistes en hématologie, des hommes-médecins autochtones ou encore des psychologues.

Dans leur lutte contre les vampires, on les appelle, non sans humour, des « arracheurs de dents ». Les vampires ont maintenant de bonnes raisons de se faire du mauvais sang !

« GMAAENMASR » à déchiffrer

1. Les chasseurs de vampires utilisent cette arme pour tenir à distance les « saigneurs » des ténèbres : **ICURFICX**

   _____

2. Arbuste ou arbre dont le bois, particulièrement dur, est utilisé pour tailler ces fameux « ICURFICX » : **BIAUNPEE**

   _____

3. Il transforme la terre en un four à micro-ondes à ciel ouvert : **LOIELS**

   _____

4. Par chance, c'est ce que l'on appelle la « Veine de Vénus » : **REEEVVIN**

   _____

5. C'est une eau salée : **TEIBNE**

   _____

6. « Or », ses propriétés antimicrobiennes en font un métal précieux : **TGENRA**

7. Du fond du cœur, les vampires en ont une sainte horreur : **UXIPE**

8. En plein dans le 1 000 : **RECUO**

9. C'est le moyen le plus efficace pour faire perdre la tête à un vampire : **IATPDEATOCNI**

10. Les vampires ne renaissent que très rarement des leurs : **SREECDN**

1. **CRUCIFIX**

2. **AUBÉPINE**

3. **SOLEIL**

4. **VERVEINE**

5. **BÉNITE**

6. **ARGENT**

7. **PIEUX**

8. **CŒUR**

9. **DÉCAPITATION**

10. **CENDRES**

Quel est le mot à découvrir ?

**Mon premier est un café sans caféine
en deux syllabes** _____

Mon deuxième est égal à 3,14 _____

Mon troisième est à toi _____

Mon quatrième est une note _____

Nous sommes mon cinquième _____

**Mon tout est le moyen le plus sûr
de se débarrasser des vampires**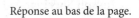

Réponse au bas de la page.

DÉCAPITATION (Déca-Pi-Ta-Si-On)

Une petite morsure de rappel… ça vous tente ?

1. Quelle partie du monde est considérée comme le berceau du vampirisme ?
a. L'Europe
b. L'Asie
c. Les États-Unis

2. Quelle année fut considérée comme l'âge d'or des vampires en Europe ?
a. 1700
b. 1732
c. 1789

3. Quel écrivain irlandais a créé le personnage de Dracula ?
a. John William Polidori
b. Joseph Sheridan le Fanu
c. Bram stoker

4. Où se situait la Transylvanie ?
a. En Autriche
b. En Roumanie
c. En Pologne

5. En quelle année les crocs sont-ils apparus dans la bouche des vampires ?
a. En 1789
b. En 1931
c. En 1958

6. Qui a eu l'idée de faire porter une cape à Dracula ?

a. Jean-Paul Gauthier, couturier

b. Hamilton Deane, dramaturge

c. Terence Fisher, cinéaste

7. Que font les vampires à la pleine lune ?

a. Ils chassent le loup-garou

b. Ils restent couchés

c. Ils prennent un bain de lune

8. À choisir entre un crucifix, de l'ail et un pieu, de quelle arme vous muniriez-vous pour chasser les vampires ?

a. Un crucifix

b. De l'ail

c. Un pieu

9. Quel est le sang préféré des vampires dits végétariens ?

a. Le sang de poulet

b. Le sang de porc

c. Le sang de biche

10. Les vampires peuvent-ils vivre éternellement ?

a. Oui

b. Non

1. a. L'Europe

Au cours du 18e siècle, une véritable épidémie vampirique
se propage à travers toute l'Europe centrale (Pologne, Autriche,
Hongrie, Roumanie…), dès lors considérée comme le berceau
du vampirisme.

2. b. 1732

C'est dans le rapport Flückinger, relatant les exploits sanglants
de Paole, que le terme « vampire » (orthographié jusqu'ici
« vampyre ») apparaît officiellement dans la langue française.
Nous sommes en 1732, l'âge d'or des vampires.

3. c. Bram stoker

Le vampire, tel que créé par Bram Stoker, est satanique, sans
pitié ni remords. Il a un physique laid et repoussant : des oreilles
pointues, la paume des mains velue, des sourcils broussailleux,
une épaisse moustache et une haleine fétide.

4. b. En Roumanie

Il s'agit d'une ancienne région située au niveau de l'actuelle
Roumanie. La Transylvanie est la mère patrie des vampires.

5. c. En 1958

Les canines, longues et pointues comme celles d'un loup, ne sont
apparues qu'en 1958. C'est Christopher Lee, dans *Le cauchemar
de Dracula*, de Terence Fisher, qui a lancé « la mode canine » !

6. b. Hamilton Deane, dramaturge

L'acteur porte un smoking sombre et une longue cape noire qui rappelle les ailes d'une chauve-souris. Depuis, la cape est aux vampires ce que le balai est aux sorcières.

7. c. Ils prennent un bain de lune

Les vampires se promènent seuls les nuits de pleine lune, car le satellite de la terre les régénère.

8. c. Un pieu

L'usage du pieu est un rite mythique de la chasse aux vampires. Seuls sont efficaces les pieux taillés dans des bois durs (frêne, aubépine, érable ou tremble) ou les pieux en argent (fatals pour les vampires modernes).

9. b. Le sang de porc

Le sang de porc, d'une saveur onctueuse, serait la boisson de prédilection des vampires végétariens.

10. b. Non

Certes, les vampires ont une longévité exceptionnelle, mais leur éternelle jeunesse est un mythe.

Abécédaire du vampire

A

Ail : Plante potagère utilisée pour faire fuir les vampires, et dont le bulbe piquant est aussi utilisé comme condiment.

Argent : Métal précieux et inaltérable, qui inflige de sérieuses brûlures aux vampires.

B

Baiser du vampire : Appellation courante désignant la morsure au cou.

Bisexuel : Se dit d'un vampire qui suce le sang autant des hommes que des femmes.

C

Canines : Dents pointues placées entre les molaires et les incisives. Chez les vampires, elles sont habituellement hypertrophiées et acérées comme les crocs d'un animal.

Carnivore : Se dit d'un vampire se nourrissant exclusivement de sang humain.

Cercueil : Caisse dans laquelle dorment les vampires, habituellement utilisée pour contenir le corps d'un mort avant de l'ensevelir.

Chauve-souris : Petit mammifère volant souvent associé aux vampires.

Clan : Groupe de vampires dans lequel il existe une hiérarchie et des règles qui lui sont propres.

Crucifix : Représentation de Jésus-Christ sur la croix, utilisée pour tenir à distance les vampires.

D

Décapiter : Trancher la tête.

Dracula : Personnage de fiction et historiquement « fils du dragon ».

Draculine : Protéine aux propriétés anticoagulantes, contenue dans la salive des chauves-souris vampires. Son nom vient du célèbre comte Dracula.

E

Eau bénite : Eau naturelle, à laquelle est ajouté un peu de sel et qui a reçu une bénédiction.

F

Frêne : Arbre à bois clair et résistant, dans lequel sont taillés les pieux des chasseurs de vampires.

G

Gothique : Style architectural du 12ᵉ siècle en Europe.

Goule : Vampire femelle, créature mythologique des contes des *Mille et une nuits*.

H

Halloween : Fête des morts qui se déroule dans la nuit du 31 octobre au 1er novembre.

Hémomorphine : Petite molécule notamment présente dans le sang des vampires, et qui imite les effets de la morphine.

Hostie : Petite rondelle de pain sans levain, habituellement consacrée par un prêtre pendant la messe, et également utilisée en matière de prévention vampirique.

I

Immortel : Qui ne peut pas mourir.

J

Jugulaire (veine) : Veine qui se situe au niveau du cou. Voir Baiser du vampire.

L

Lestat de Lioncourt : Personnage de fiction créé par la romancière Anne Rice, dans ses *Chroniques des vampires*.

Longévité : Durée de vie (10 ans pour un homme correspondent à seulement quelques semaines pour un vampire).

Lune : Satellite de la terre aux pouvoirs régénérateurs pour les vampires.

Métamorphe : Qui a le pouvoir de changer de forme.

Nosferatu : Type de vampire dans la littérature fantastique. Vient du grec « nosophoros », qui signifie « porteur de peste ».

Ombre : Zone d'obscurité formée par l'interception de la lumière par un corps (inexistante dans le cas de nombreux vampires de fiction).

Pieu : Pièce de bois pointue permettant de transpercer le cœur des vampires afin de les anéantir.

Porphyrie : Maladie du sang, surnommée la « maladie du vampire » par le chercheur David Dolphin.

R

Renfield (syndrome de) : Le syndrome de Renfield (du nom d'un des personnages du roman de Stoker), aussi appelé « vampirisme clinique », est un désordre mental qui pousse un individu à boire du sang humain (le sien ou celui d'autrui).

Réparation (petite) : Rituel consistant à empêcher un cadavre de sortir de sa tombe.

Réparation (grande) : Rituel pour anéantir un vampire, consistant à lui enfoncer un pieu dans le cœur, à le décapiter et à le réduire en cendres.

S

Sang : Liquide de couleur rouge qui circule dans les veines des humains, et dont les vampires raffolent.

Sanguinivore : Régime alimentaire à base de sang.

Sel : Chlorure de sodium employé pour la conservation ou l'assaisonnement des aliments, et qui jadis était également utilisé pour éloigner les vampires.

Sire : Désigne le créateur d'un vampire.

T

Transylvanie : Ancienne région située au niveau de l'actuelle Roumanie. La Transylvanie est la mère patrie des vampires.

V

Vamp : Diminutif du mot « vampire » utilisé pour désigner une femme fatale.

Vampire : Terme apparu en 1732 dans la langue française, qui désigne un défunt qui, la nuit, quitte son tombeau pour se nourrir de sang.

Végétarien : Se dit d'un vampire qui se nourrit exclusivement de sang animal.

Z

Zêtalon : La nouvelle génération de vampires.

Découvrez les autres titres de la collection *Mythologie* :